ARD-Ratgeber Recht

Herausgeber

Karl-Dieter Möller

Thomas Nell

Eine Produktion des Westdeutschen Rundfunks Köln
und des Südwestrundfunks
in Zusammenarbeit mit den Verbraucherzentralen

verbraucherzentrale

Jedes Jahr werden in Deutschland größere und kleinere Vermögen vererbt. Da zum Erben nicht nur die Übernahme der Rechte, sondern auch der Pflichten des Verstorbenen gehört, müssen sich Erben mit der komplexen Materie der Vermögensnachfolge auseinandersetzen. Dieser Ratgeber wendet sich an Erben und Pflichtteilsberechtigte und enthält unter anderem alles Wissenswerte rund um die Themen Erben und Hinterbliebene, Testament und Erbvertrag, Pflichtteilsrechte, Ausschlagung, Enterbung und Erbschaftsteuer. Als Leser wird Ihnen durch die anschauliche Darstellung mit vielen Beispielen und Tipps der teilweise komplizierte Weg durch das deutsche Erbrecht erleichtert.

Jan Schultze-Melling ist als Rechtsanwalt mit den Problemen der Erben und Hinterbliebenen vertraut und als Autor zahlreicher Publikationen bekannt.

Jan Schultze-Melling

Ihre Rechte und Pflichten als Erbe

verbraucherzentrale

Tipp Ratschlag

! Wichtig

✓ Checkliste

✉ Musterbrief

⚡ Vorsicht, Risiko

Bibliografische Information Der Deutschen Bibliothek

Die Deutsche Bibliothek verzeichnet diese Publikation in der Deutschen Nationalbibliografie; detaillierte bibliografische Daten sind im Internet über http://dnb.ddb.de abrufbar.

Diese Publikation erscheint im Rahmen der Verlagsgemeinschaft STIFTUNG WARENTEST und Verbraucherzentrale Nordrhein-Westfalen e.V.

Internet: www.vz-nrw.de

ISBN 978-3-938174-68-5

Liebe Leserin, lieber Leser,
und natürlich auch: Liebe Zuschauerin,
lieber Zuschauer des ARD-Ratgeber Recht,

die Welt wird täglich komplizierter. Die Welt der Paragrafen
sowieso. Ständig wächst der Berg von Verordnungen, Geset-
zen, Urteilen und Meinungen. Die Paragrafenwelt verständ-
licher für Sie – unsere Leser und Zuschauer – ausfallen zu
lassen, das ist das erklärte Ziel des ARD-Ratgeber Recht.

Es gibt dabei wenige Sendungen in der deutschen Fernseh-
landschaft, die Sie, unsere Zuschauer, so häufig zu Papier
und Füller greifen lassen (oder Sie dazu bringen, Ihr Mail-
Programm zu starten), wie der ARD-Ratgeber Recht. Dafür
bedanken wir uns – und auch für das Vertrauen, das Sie
in uns setzen. Leider dürfen und können wir Ihnen nicht
die umfangreichen Auskünfte geben, die wir Ihnen gern geben würden. Denn unser Programmauftrag besteht darin,
Rechtsprobleme und juristische Fragen auf einer leicht ver-
ständlichen Ebene aufzuarbeiten. Die Rechtsauskunft und
die Rechtsberatung im Einzelfall gehören nicht dazu.

Umfangreichere Informationen, die die Sendungen ergän-
zen, bieten wir dem interessierten Publikum seit vielen Jahren mit der Buchreihe zum ARD-Ratgeber Recht an. Mit
Beginn des Jahres 2006 erscheint sie in einer neuen Form
und mit anderen Partnern. Die beiden ARD-Sender, die den
ARD-Ratgeber Recht produzieren, nämlich der Südwestrundfunk (SWR) und der Westdeutsche Rundfunk (WDR),
betreuen diese neue Reihe gemeinsam. Ziel ist, verständliche und erschwingliche Bücher zu den juristischen Themen
aus unseren Sendungen anzubieten. Unsere erfahrenen und
juristisch geschulten Autoren können in allgemein verständ-
lichen Ausführungen die Ratsuchenden bestens begleiten.
Ein klarer Aufbau soll dem Leser einen schnellen Zugriff
auf die gesuchten Informationen gewährleisten. Dazu gibt
es Musterbriefe von Experten, Tipps und Ratschläge. Ein
Anhang stellt die Verbindung zu den Beiträgen her, die
SWR und WDR in ihren jeweiligen Ausgaben gesendet

haben. Im Internet finden Sie darüber hinaus weitere sendungsbezogene Informationen.

Unser wichtigstes Anliegen ist es, Ihnen – ausgehend von den Berichten und Reportagen unserer Sendungen – vertiefende und alltagsnahe Informationen zur Verfügung zu stellen, die Sie bei der Lösung Ihrer persönlichen rechtlichen Probleme unterstützen – also, die Paragrafenwelt begreifbarer zu machen.

Mit Dank für Ihre freundliche und kritische Begleitung unserer Arbeit!

Karl-Dieter Möller
ARD-Fernsehredaktion Recht und Justiz
Südwestrundfunk Karlsruhe

Thomas Nell
Programmgruppe Wirtschaft und Recht
Westdeutscher Rundfunk Köln

Vorwort

Die Vorstellung einer »Erbtante aus Amerika« oder eines anderen reichen Angehörigen, der einem Vermögenswerte hinterlässt, kann die Phantasie beflügeln. Das Erben wird wohl von vielen Menschen als attraktiv angesehen. Tatsächlich erscheint ein gut ausgestattetes Erbe wie ein Traum mit paradiesischen Zügen. Man bekommt etwas, ohne dafür arbeiten zu müssen. Leider ist diese Sichtweise nur eine Seite der Medaille. Hinzu kommt oft die seelische Belastung, die mit dem Verlust einhergeht. Viele Angehörige sind nach einem Sterbefall erst einmal damit überfordert, den Verlust seelisch zu verkraften und neben der Trauerarbeit auch noch eine Reihe von praktischen Maßnahmen zu ergreifen. Zumindest in wirtschaftlicher Hinsicht und im Hinblick auf die Erbfolge können Vorbereitungen getroffen werden, um die Folgen des Todesfalles abzumildern. So empfiehlt es sich, bereits zu Lebzeiten daran zu denken, wie das Vermögen des Erblassers möglichst interessengerecht und steuergünstig an die nachfolgende Generation weitergegeben werden könnte. Dieses Buch leistet einen Beitrag dazu, einen späteren Erben auf Gespräche mit den Angehörigen vorzubereiten.

Kenntnisse des deutschen Erbrechts werden auch dann nötig, wenn nach einem Erbfall und beispielsweise nach der Testamentseröffnung ein möglicherweise bereits viele Jahre altes Testament »auftaucht« und durch das Nachlassgericht an die Erben verschickt wird. Es ist bereits schwierig, das für Nichtjuristen oft unverständliche »Paragrafendeutsch« zu entschlüsseln.

Ein nicht unwesentlicher Aspekt stellt die steuerliche Bewältigung des Erbfalls dar. Wenn etwas Know-how vorhanden ist, können beispielsweise durch sinnvolle Verfügungen des Vererbenden zu Lebzeiten die Belastungen der Erben durch die Erbschaftsteuer in Grenzen gehalten werden.

Erben sollten sich aus den verschiedensten Gründen mit den Grundzügen des deutschen Erbrechts und des einschlägigen

Steuerrechts auskennen und eine Vorstellung entwickeln, wie bestimmte Regelungen zu verstehen sind und an welchen Stellen für Erblasser und Erben ein Gestaltungsspielraum besteht. In diesem Buch werde ich Ihnen die wichtigsten gesetzlichen Regelungen und Gestaltungsmöglichkeiten vermitteln. Sie erhalten leicht verständliche Erläuterungen und erfahren an anschaulichen Beispielsfällen, wie typische Problemstellungen gelöst werden können.

Kernen, Januar 2007   Jan Schultze-Melling

Inhalt

Kapitel 2
Ein Überblick über das Erbrecht aus der Sicht des Erben

Kapitel 3
Der »Erbfall«

Kapitel 4
Der Einfluss des Erblassers auf die Erbfolge

Kapitel 5
Was Sie als Erbe über Testament und Erbvertrag wissen sollten

Kapitel 6
Die Testamentseröffnung

Kapitel 14
Die Bedeutung der Pflichtteilsansprüche

Kapitel 15
Wann droht dem Erben der Entzug des Pflichtteils?

Kapitel 16
Bei Enterbung: So machen Sie Ihren Pflichtteilsanspruch geltend

Kapitel 17
So geben Sie als Erbe über den Nachlass Auskunft

Kapitel 18
So wird das Erbe abgewickelt

Kapitel 19
Die Belastung des Erben durch die Erbschaftsteuer

Kapitel 20
Kann der Erbe sein Erbrecht verkaufen?

Anhang

Stichwortverzeichnis

Abkürzungen

Abs.	Absatz
BewG	Bewertungsgesetz
BGB	Bürgerliches Gesetzbuch
BGH	Bundesgerichtshof
d.h.	das heißt
ErbStG	Erbschaftsteuer- und Schenkungsteuergesetz
FGG	Gesetz über die Angelegenheiten der freiwilligen Gerichtsbarkeit
GG	Grundgesetz
i.V.m.	in Verbindung mit
KO	Kostenordnung
S.	Seite
StGB	Strafgesetzbuch
ZPO	Zivilprozessordnung

Kapitel 1
Erste Schritte für Erben und Hinterbliebene

Nach einem Todesfall müssen Sie als Angehöriger die Angelegenheiten des Verstorbenen ordnen. Nachfolgend die wichtigsten Dinge, bei denen Sie sich auskennen sollten oder an die Sie denken müssen.

1. Wer für die Bestattung zuständig ist

Obwohl es in Deutschland Gesetze für die unwichtigsten Dinge gibt, findet sich nirgends eine rechtliche Grundlage für die Bestattung. Im Gesetz steht nur, dass die Erben die Kosten der Beisetzung zu tragen haben. Es wird jedoch allgemein davon ausgegangen, dass die Bestattung eine sittliche Pflicht ist, die den nächsten Angehörigen obliegt. Sie sind diejenigen, die im Zweifelsfall die Form und den Ort einer Bestattung bestimmen.

Die nächsten Angehörigen sind nicht mit den Erben gleichzusetzen. Unter den nächsten Familienangehörigen versteht man zuerst einmal die Ehepartner. Ein Partner, mit dem der Verstorbene in einer nicht ehelichen Lebensgemeinschaft lebte, hat die gleichen Rechte. An zweiter Stelle dürfen dann die Kinder und deren Ehepartner über den Ablauf der Bestattung entscheiden

Unterschied zwischen nächsten Angehörigen und Erben

Dies wird durch das Feuerbestattungsgesetz (in einigen Bundesländern auch nur Bestattungsgesetz genannt) geregelt, das trotz seines Namens auch auf die Erdbestattung angewandt wird.

Zuerst einmal ist jedoch für die Art und Weise der Bestattung der Wille des Verstorbenen entscheidend. Dieser Wille muss nicht in einem Testament stehen. Dies wäre in den meisten Fällen auch nutzlos, da das Testament erst amtlich eröffnet wird, wenn die (womöglich so nicht gewollte) Bestattung längst geschehen ist. Es reicht, dass der Verstorbene diesen Willen irgendwie geäußert hat. Wur-

Entscheidend: Der Wille des Verstorbenen

de ein solcher Wille nicht geäußert, dann entscheiden die
nächsten Familienangehörigen.

2.   Welche Bestattungsformen sind erlaubt?

2.1   Erdbestattung

Die in Deutschland häufigste Form der Bestattung ist die
Erdbestattung. Deshalb spricht man häufig auch von Beerdigung.

2.2   Feuerbestattung

Vor allem in Ostdeutschland ist auch die Feuerbestattung
üblich, da die sozialistischen Staaten diese Beisetzungs-
praxis förderten.

2.3   Sonderwünsche der Verstorbenen

Häufig werden Sonderwünsche für die Bestattung geäußert. Die Phantasie von Erblassern in Bezug auf ihre letzte
Ruhe kennt offenbar keine Grenzen. Und manchmal gehen diese Wünsche bis hart an die Schwelle zur Exzentrik.
Allerdings sind einige Extrawünsche, wie beispielsweise
die Beerdigung im eigenen Garten, nicht erfüllbar Das
Bundesverwaltungsgericht hat dies im Jahr 1974 verboten da sich die Nachbarn durch diese Handlung in Ihren
Gefühlen verletzt fühlen könnten. Ebenso wenig darf die
Urne mit der Asche des Verstorbenen im eigenen Haus
aufbewahrt werden. Ein Bestattungsunternehmen muss
die Urne im Krematorium abholen und beisetzen. Dies
nennt man Friedhofszwang. In der Schweiz ist es dagegen
Angehörigen erlaubt, die Urne selbst abzuholen und mit
nach Hause zu nehmen. Erlaubt und immer beliebter ist
die Seebestattung. Viele Bestattungsunternehmen haben
das sogar im Angebot.

**Friedhofs-
zwang in
Deutschland**

2.4 Seebestattung

Einst nähte man auf See verstorbene Matrosen in ein Stück Segeltuch ein, beschwerte dies mit Eisen oder Blei und übergab den Leichnam dem Meer. Unter Seebestattung versteht man heute ein Form der Feuerbestattung. Nach der Kremierung wird die Urne dann im Meer versenkt.

Seebestattung einer Urne

Die Urnen müssen bestimmte Umweltauflagen erfüllen und aus wasserlöslichem Material sein. Sie werden außerhalb der Fischereigebiete versenkt und zersetzen sich in wenigen Stunden.

Falls Sie eine solche Art der Bestattung in Erwägung ziehen, sollten Sie bedenken, dass die Hinterbliebenen dann keinen Ort haben, an dem sie trauern und des Toten gedenken können. Dies kann als ziemlich belastend empfunden werden und ist auch der Nachteil einer manchmal gewünschten anonymen Beerdigung.

Nachteil: Kein Ort zum Trauern

Für die Seebestattung wird eine Ausnahmegenehmigung vom Friedhofszwang benötigt. Die Ordnungsbehörde ist für deren Erteilung zuständig. Die mit der Seebestattung beauftragte Reederei hält den Zeitpunkt und den Längen- und Breitengrad des Beisetzungsortes fest.

Seebestattungen können sowohl anonym als auch in der Form einer Bestattungsfeier mit Freunden und Angehörigen stattfinden. Häufig schlägt die Schiffsglocke acht Mal – dies war früher für einen Matrosen das Signal, dass seine Wache zuende war. Anschließend wird die Urne dem Meer übergeben.

Für das Verstreuen der Asche aus dem Flugzeug brauchen Sie auf jeden Fall eine behördliche Genehmigung – die in Deutschland häufig nicht erteilt wird. Die Zuständigkeit können Sie bei der Gemeinde erfragen, über die die Asche verstreut werden soll. Wenden Sie sich dazu an die Stadtverwaltung.

Behördliche Genehmigung

3. Der Ort der Bestattung

Entscheidet man sich für eine Erdbestattung, sind noch andere Dinge zu bedenken. Eine häufig gestellte Frage ist: Darf der Verstorbene auf jedem von ihm oder den Angehörigen gewünschten Friedhof beerdigt werden? In der Regel ist dies so. Ausnahme: Es gibt mehrere konfessionell gebundene Friedhöfe im gleichen Ort. Diese können die Aufnahme Andersgläubiger verbieten. Hat die Gemeinde also einen katholischen und einen evangelischen Friedhof, muss der Verstorbene auf dem Friedhof seiner Konfession beigesetzt werden. Gläubige anderer Religionen werden allerdings auf diesen Friedhöfen bestattet. Wieder anders sieht es aus, wenn es in der gewünschten Gemeinde nur einen Friedhof gibt. Dann kann auch ein Katholik auf dem evangelischen oder ein Protestant auf dem katholischen Friedhof seine letzte Ruhe finden.

Konfessionelle Friedhöfe

4. Die Wahl des Grabes

Entscheidet man sich für eine Erdbestattung, steht bald noch eine weitere Überlegung an: Die Wahl der Grabstätte. Vielen ist nicht bekannt, dass man eine Grabstelle nicht kauft, sondern nur ein zeitlich begrenztes Nutzungsrecht an dieser Fläche erwirbt. Das bedeutet, dass das Nutzungsrecht an der Grabstelle nach einer bestimmten Frist entweder verlängert und die Verlängerung bezahlt werden muss oder dass das Recht an der Nutzung der Grabstelle erlischt und diese Fläche anderweitig vergeben wird. Wie lange man eine Grabstelle benutzen darf, hängt auch von der Wahl des Grabes ab.

Zeitlich begrenzte Nutzung der Grabstelle

Man unterscheidet dabei zwischen Reihengräbern und Wahlgräbern. In einem Reihengrab wird nur eine Person bestattet, die zur Verfügung stehende Fläche ist daher kleiner. Meist befindet es sich in einem weniger zugänglichen Teil des Friedhofs. Ein Wahlgrab ist für ein Ehepaar oder mehrere Familienmitglieder gedacht. Es hat eine längere Laufzeit, die überdies verlängert werden kann. Deshalb kostet ein Wahlgrab natürlich mehr. Die Laufzeiten einer

Grabstätte variieren je nach Friedhofsordnung zwischen 15 und 30 Jahren. Vor dem Gespräch mit der Friedhofsverwaltung sollten Sie sich Gedanken darüber gemacht haben, welche Grabstätte Sie wählen möchten. Den Platz der Grabstelle kann man in der Regel nicht bestimmen.

Für die Gestaltung des Grabes ist auch die Wahl eines Grabsteines von Bedeutung. Damit kann man sich etwas Zeit lassen. Aber auch die Form der Grabsteine unterliegt genauen Vorschriften. So dürfen Fotos häufig nicht befestigt werden. Außerdem verlangen viele Friedhofsordnungen, dass nur lokale Natursteine verwendet werden, damit sich ein relativ einheitliches Gesamtbild ergibt. Diese Vorschrift begünstigt natürlich die ansässigen Steinmetze. Man selbst sollte sich überlegen, welche Informationen der Grabstein enthalten soll: Will man lediglich Namen, Vornamen, Geburts- und Sterbedatum auf dem Grabstein vermerken oder sollen der Beruf, der Titel oder ein Sinnspruch hinzugefügt werden? Bei Besuchen auf dem Friedhof kann man sich Gedanken machen, welche Inschriften andere Familien verwendet haben. So erhält man Anregungen für die Gestaltung des eigenen Grabsteins.

Vorschriften für die Wahl des Grabsteines

5. Die Organisation der Bestattung

Nach dem Tod eines Angehörigen müssen Sie sich relativ rasch um die Organisation der Trauerfeier kümmern. Die Gestaltung der Trauerfeier lenkt Sie außerdem etwas von dem erlittenen Verlust ab. Sie sollten sich von Familienangehörigen und Freunden helfen lassen, damit Sie sich in dieser Situation nicht überfordern. Außerdem fühlt sich auf diese Weise niemand ausgegrenzt.

Niemand ist verpflichtet, ein Bestattungsunternehmen mit der Organisation der Beisetzung zu beauftragen. Dennoch wird meist ein solches Unternehmen hinzugezogen, weil die Hinterbliebenen in ihrer Trauer oft zu gelähmt sind, um alle nötigen Vorbereitungen zu veranlassen.

Bestattungsunternehmen nicht verpflichtend

Auch auf die Gefahr hin, pietätlos zu wirken, möchte ich Ihnen noch eine Empfehlung geben: Es lohnt sich, nach

Preisvergleich bei Bestattungsunternehmen

den Preisen der Bestattungsunternehmen zu fragen, sich Preislisten geben zu lassen und die einzelnen Firmen zu vergleichen. Und es ist oft erheblich preiswerter, etwa das Besorgen der Blumen für die Beerdigungsfeier in die eigene Hand zu nehmen oder die Traueranzeige oder das Drucken von Karten selbst zu veranlassen. Auch wenn fast alle Bestattungsunternehmen seriös sind, so könnten doch »schwarze Schafe« versuchen, durch überhöhte Rechnungen für Blumen und einfache Dienstleistungen ihren Umsatz zu erhöhen. Diese »schwarzen Schafe« hoffen, dass die Hinterbliebenen die Rechnungen ohne Protest bezahlen, weil sie durch andere Sorgen abgelenkt sind.

Rechnungen prüfen

Prüfen Sie die Rechnungen in jedem Fall auf Leistungen, die nicht vereinbart wurden. Solche Rechnungsposten brauchen Sie nicht zu bezahlen. Erkundigen Sie sich bei Freunden und Bekannten nach deren Erfahrungen und Empfehlungen. Auch die Krankenhäuser können Ihnen hier Tipps geben.

5.1 Zeitpunkt der Bestattung

48-Stunden-Frist für Bestattungen

Die Bestattung darf frühestens 48 Stunden nach dem Tod stattfinden. Einen Termin, wann die Bestattung spätestens erfolgen muss, gibt es nicht. Es ist wichtig, dies zu wissen, da man vielleicht auf die Anreise entfernt lebender Verwandter warten möchte. Die Regelung ist auch sinnvoll, denn eine Obduktion, beispielsweise nach einem Unfalltod, kann länger dauern.

Nachdem die Bestattungsart bestimmt ist (vgl. S. 20 f.) müssen Sie oder das von Ihnen beauftragte Bestattungsinstitut Termine mit dem Friedhofsamt, der kirchlichen Betreuung oder dem Trauerredner absprechen und koordinieren.

5.2 Traueranzeigen

Üblicherweise zeigt man den Tod eines geliebten Menschen durch eine Zeitungsannonce an. Dadurch erreicht man viele Bekannte, die man nicht persönlich informieren konnte und ermöglicht diesen damit, an der Trauerfeier teilzunehmen.

Die Gestaltung einer solchen Anzeige ist ganz individuell. Folgende Angaben sollten aber nicht fehlen: Name (bei Frauen eventuell der Geburtsname), das Geburts- und Todesdatum sowie die eigene Adresse, damit Freunde und Bekannte sich an Sie wenden können, um ihr Beileid zu bezeugen. Verlangen Sie von der Zeitung einen Probeausdruck, so sind Sie ganz sicher, dass die Anzeige ihren Erwartungen entspricht und Sie Druckfehler verbessern können.

Tipp

Probe-
ausdruck
verlangen

Bedenken Sie auch: Je größer die Anzeige, desto teurer ist sie. Außerdem variieren die Preise von Zeitung zu Zeitung. Die meisten Todesanzeigen erscheinen in der Lokalpresse, damit der Bekanntenkreis des Toten informiert ist. Todesanzeigen in überregionalen Zeitungen sind natürlich kostspieliger.

An diejenigen, die Sie per Annonce nicht erreichen, weil sie weiter entfernt wohnen, schicken Sie einen Trauerbrief, der in Form und Inhalt der Zeitungsanzeige ähnelt.

5.3 Das kirchliche Begräbnis

Die Kirche spielt als trostspendende Institution immer noch eine zentrale Rolle. Viele Menschen interessieren sich kurz vor ihrem Tod wieder mehr für Glaubensfragen. Meistens erfolgt daher ein kirchliches Begräbnis. Aber nicht jeder Verstorbene war Kirchenmitglied. Dann fragen sich die Angehörigen zuweilen: Ist trotzdem ein kirchliches Begräbnis möglich?

Wenn jemand aus der Kirche ausgetreten ist oder nie einer Kirche angehörte, kann er normalerweise auch nicht kirchlich begraben werden. In einem solchen Fall kann man sich an einen professionellen Trauerredner wenden,

Tipp

der die Trauerfeier durchführt. Die Angehörigen müssen die Kosten für den Trauerredner tragen. Als Ort der Trauerfeierlichkeit stellen die Friedhöfe in der Regel ihre Trauerhalle zur Verfügung. Wünscht der Ehepartner des

Trauerhalle als Ort der Feierlichkeiten Verstorbenen nachdrücklich eine kirchliche Bestattung, gehen die Pfarrer manchmal auf diesen Wunsch ein, aber einen Anspruch auf ein kirchliches Begräbnis hat man deswegen nicht.

5.4 Selbstmord und kirchliche Bestattung

Bis 1983 verweigerten die Kirche Selbstmördern ein kirchliches Begräbnis und dessen Angehörigen den Trost der Kirche. Dann wurde der betreffende Paragraph aus dem Kirchenrecht gestrichen. Heute ist eine kirchliche Bestattung auch nach einer Selbsttötung üblich.

5.5 Die Kosten der Beerdigung

Die Kosten der Bestattung müssen von den Erben bezahlt werden. Die Ausgaben für Grabstelle, Anzeigen und Trauerfeier summieren sich meist auf einen Betrag zwischen 4000 und 6000 Euro. Wenn der Nachlass groß genug ist, können die anfallenden Rechnungen aus diesem Vermögen bezahlt werden.

Tipp Übrigens – mit der Rechnung des Leichenbestatters können Sie zur Bank des Verstorbenen gehen. Wenn das Konto des Verstorbenen noch gedeckt ist, wird die Bank die Rechnung aus dem Girokonto des Verstorbenen bezahlen.

Rechnungen prüfen Noch ein wichtiger Hinweis: Ein Kranz, der zu spät zur Beerdigung kommt (nachdem diese vorbei ist), muss nicht bezahlt werden – noch nicht einmal, wenn der Beerdigungsunternehmer nachweisen kann, dass er an der Verspätung keine Schuld trägt.

Auch nicht alle Rechnungen, die nach dem Tod, besonders nach Veröffentlichung der Todesanzeige, im Briefkasten landen, sollten ungeprüft bezahlt werden. Denn es gibt z.B. Betrüger, die die Todesanzeigen der Zeitungen studieren und die Anschriften der Verstorbenen durch das

Telefonbuch herauszufinden versuchen. Dabei können sich gerade Rechnungen, die auf Angehörige peinlich wirken – wie etwa die von Pornoversandhändlern – bei einer Prüfung als unberechtigt entpuppen.

Bei Empfängern von Arbeitslosengeld II oder bei Ruheständlern, die nur eine kleine Rente erhalten, kann der Nachlass aber so klein sein, dass er die Bestattungskosten nicht deckt. Was dann? In diesem Fall sollten Sie besonders genau prüfen, ob Sie Ansprüche auf Zahlungen von anderer Seite haben. Ist z.B. der Tod des Verstorbenen durch einen Dritten verursacht worden, muss dieser für die Kosten der Bestattung aufkommen. Sie sollten dann mit einem Anwalt Ihres Vertrauens auch besprechen, was erstattet werden muss, ob z.b. die Anschaffung von Trauerkleidung oder die Fahrtkosten von Familienmitgliedern auch zu den Begräbniskosten gehören.

Wenn der Nachlass die Kosten nicht deckt

Wurde der Hinterbliebene Opfer eines Arbeitsunfalls, werden die Hinterbliebenen mit einem Siebtel der geltenden »Bezugsgröße« entschädigt. Damit kann eine bescheidene Beerdigung bezahlt werden. Aus der nachfolgenden Tabelle können Sie die Bezugsgröße entnehmen. Maßgeblich ist der Jahresbetrag.

Entschädigung für Opfer eines Arbeitsunfalles

Jahr	Alte Bundesländer		Neue Bundesländer	
	monatlich in Euro	jährlich in Euro	monatlich in Euro	jährlich in Euro
2007	2.450	29.400	2.100	25.200
2006	2.450	29.400	2.065	24.780
2005	2.415	28.980	2.030	24.360
2004	2.415	28.980	2.030	24.360

Beispiel: Im Jahr 2005 würde ein Betrag in Höhe von (29.400 : 7) 4.200 Euro bezahlt werden.

Das Sterbegeld, das früher die gesetzlichen Krankenkassen auszahlten, ist mit Wirkung für Sterbefälle seit 1.1.2005 gestrichen worden.

Die Hinterbliebenen von Beamten erhalten allerdings noch Sterbegeld in Höhe von zwei Monatsgehältern ausbezahlt.

Beim Tod des Ehegatten wird – allerdings nur ausnahmsweise – ein Sterbegeld bewilligt.

Kostenübernahme des Sozialamts Wenn man kein Sterbegeld erhält und der Nachlass nicht zur Deckung der Kosten ausreicht, bleibt nur der Gang zum Sozialamt. Lebt der Erbe auch von Sozialleistungen, so übernimmt das Sozialamt die Kosten des Begräbnisses. Andernfalls wird geprüft, ob der Erbe einen zumutbaren Teil der Kosten übernehmen kann. Dabei wird nach dem Verwandtschaftsgrad geschaut. Für die Eltern muss man natürlich andere finanzielle Opfer bringen als für eine entfernt lebende Cousine. Auch kann nicht verlangt werden, dass man finanzielle Rücklagen oder Ersparnisse angreift. In diesem Fall springt dann das Sozialamt ein.

 Die Bestattungsinstitute kennen häufig die Praxis der lokalen Sozialämter und geben darüber Auskunft.

6. Trauerarbeit

Trauer ausleben Ein Todesfall bringt starke psychische Belastungen mit sich. Trotzdem müssen Sie viele organisatorische Dinge erledigen, meist das ganze Alltagsleben umstellen. Die Psychologen unterscheiden heute vier Phasen der Trauer, die bei vielen Menschen ähnlich, wenn auch nicht völlig gleich ablaufen. Ich finde es wichtig, diese zu kennen, damit man diese Zeit, in der man nur wenig belastbar ist, akzeptieren kann. Die Wissenschaftler scheinen sich einig darin, dass Trauer unbedingt ausgelebt und nicht verdrängt werden sollte, denn Verdrängung schafft später weitere Probleme. Dies sind die vier Trauerphasen:

6.1 Die erste Phase: Schockphase

Alle, die dem Toten nahestanden, sind in den ersten Stunden oder Tagen wie erstarrt vor Schock. Sie zeigen keine Gefühle. Die Todesnachricht ist noch nicht bewusst akzeptiert worden. Dieser Zustand muss unbedingt überwunden werden, sonst drohen ernsthafte gesundheitliche Schäden.

6.2   Die zweite Phase: Kontrollierte Phase

Diese Phase dauert in der Regel bis nach der Trauerfeier. In dieser Zeit finden die Trauernden Halt durch die vielen Aufgaben, die sie erledigen müssen. Außerdem befinden sich meist viele Menschen in ihrer Umgebung, die Beistand leisten.

6.3   Die dritte Phase: Regressive Phase

In den ersten Wochen nach der Bestattung wird es ruhiger. Dadurch dringt der Tod richtig ins Bewusstsein. Oft tritt eine psychische Desorientierung auf, die Trauernden wirken erschöpft und apathisch.

6.4   Die vierte Phase: Adaptive Phase

Die Trauernden integrieren sich wieder ins Alltagsleben. Sie steigen wieder ins Berufsleben ein und finden Halt durch äußere Aufgaben. Nach einigen Monaten kann es auch wieder zu neuen zwischenmenschlichen Bindungen kommen.

7.   Die wichtigsten Urkunden

7.1   Der Totenschein

Der Totenschein wird vom Arzt ausgestellt, der den Tod feststellt. Es ist ein ärztliches Attest über die Todesursache. Den Totenschein braucht man, um eine Sterbeurkunde ausgestellt zu bekommen.

7.2   Die Sterbeurkunde

Das Beantragen einer Sterbeurkunde gehört zu den vordringlichen Angelegenheiten, die Sie nach dem Tod eines Angehörigen erledigen müssen. Sie ist eine so genannte Personenstandsurkunde, wie auch z.B. die Geburtsurkunde. Sie erhalten sie gegen eine geringe Gebühr beim Standesamt. Die erste Sterbeurkunde kostet 7 Euro, jede weitere 3,50 Euro. Dieses gilt bundesweit für alle Standesämter.

Gleich beim Standesamt beantragen

Meistens reicht die Sterbeurkunde, um sich einen schnellen Zugang zu Versicherungen und Banken zu verschaffen. Die Sterbeurkunde wird meist von heute auf morgen ausgestellt, während Sie auf einen Erbschein, mit dem Sie das Gleiche auch erreichen könnten, häufig längere Zeit warten müssen. Zwar gewährt die Sterbeurkunde keine Verfügungsrechte – oft wird sie jedoch von Versicherungen und Banken als Legitimation akzeptiert, um zumindest Auskunft über Verträge und Kontenstände erhalten zu können.

Tipp

Mehrere Sterbeurkunden anfertigen lassen

Lassen Sie sich am besten gleich mehrere Sterbeurkunden ausfertigen. Meistens werden Sie etwa fünf Stück brauchen. So benötigen die meisten Lebens- und Rentenzusatzversicherungen, aber auch die gesetzlichen Krankenkassen ein Exemplar der Sterbeurkunde für ihre Akten.

Sperrvermerk der Bank für das Giro-Konto

Dringend nötig ist in jedem Fall eine Mitteilung an die Bank. Häufig haben die Banken zwar von einem Todesfall schon Kenntnis – dies aber nur inoffiziell. Denn bei vielen Banken hat es sich eingebürgert, das die Angestellten morgens gezielt die Todesanzeigen der regionalen Zeitungen lesen. Wenn dann der Tod eines Kunden auffällt, wird bankintern ein Sperrvermerk eingetragen, d.h., das Konto wird für Auszahlungen gesperrt. Diese Sperre richtet sich vor allem gegen unberechtigte Abbuchungen aufgrund von Einzugsermächtigungen. Aber auch die Familienmitglieder können dann nicht mehr ohne weiteres über das Konto verfügen.

Die Bank ist dazu verpflichtet, eine Mitteilung über den Tod des Kunden an das Finanzamt weiterzugeben. Aus dem Fall, dass die Sperre des Kontos unterlassen wird und den Erben daraus ein Schaden entsteht, können die Erben keine Rechte gegen die Banken herleiten, denn es handelt sich dabei um eine zusätzliche Leistung, die Banken ihren Kunden nicht schulden.

7.3 Erbschein

Der Erbschein (siehe auch das Kapitel zum Erbscheinsverfahren ab S. 104) ist der amtliche Nachweis über die
Erbfolge, wie er zur Verfügung über den Nachlass durch
den oder die Erben benötigt wird, also insbesondere bei
Banken oder beim Grundbuchamt. Der Erbschein ist nur
dann entbehrlich, wenn

- entweder Bankguthaben nur so gering vorhanden sind,
  dass die Bank bei sonst klaren Verhältnissen auf den
  Nachweis verzichtet (bei örtlichen Banken eher der Fall
  als bei überregionalen Instituten) oder
- eine notarielle Generalvollmacht des Verstorbenen vor-
  gelegt werden kann, die über den Tod hinaus gilt (dann
  kann es der Bank egal sein, ob der Bevollmächtigte zugleich auch der Erbe ist) oder
- die Erbfolge durch eine notarielles Testament des Verstorbenen oder einen Erbvertrag sowie das Protokoll
  des Nachlassgerichts über die Eröffnung nachgewiesen
  ist.

Ist ein Erbschein notwendig, muss er beim Nachlassgericht beantragt werden. Zweckmäßigerweise sollte man
den Antrag direkt beim Nachlassgericht persönlich zu
Protokoll erklären. Im Idealfall wird der Erbschein direkt
ausgestellt. Der Antrag kann aber auch bei jedem Notar
gestellt werden. Die Angaben im Erbscheinsantrag (insbesondere dass keine anderslautenden Testamente oder bei
gesetzlicher Erbfolge näher erbberechtigte Verwandte vorhanden sind) müssen an Eides Statt versichert werden.

**Antrag beim
Nachlass-
gericht**

Sind mehrere Personen Erben, genügt es, wenn der Erbschein von einem Erben beantragt wird. Das Nachlassgericht wird aber im Normalfall die weiteren Erben um Zustimmung anschreiben und kann in Ausnahmefällen auch
von diesen eine eidesstattliche Versicherung verlangen.

**Ein Erbschein
für mehrere
Erben**

Der Erbschein bescheinigt die Erbfolge nach dem Verstorbenen insgesamt. Es wäre zwar theoretisch möglich, dass
sich jeder Miterbe einen Teilerbschein nur für seine Erbquote ausstellen lässt. Dies ist aber in der Praxis sinnlos,

da damit nicht über den Nachlass verfügt werden kann. Insbesondere kann ein Miterbe mit einem Teilerbschein nicht allein die Auszahlung einer entsprechenden Quote eines Bankguthabens verlangen.

8. »Rechte« des Verstorbenen über den Tod hinaus

Es geschieht gar nicht so selten, dass sich Angehörige nach einem Todesfall Gedanken über die Wahrung der Rechte des Verstorbenen machen müssen. Das ist leider dann der Fall, wenn der Todesfall nach Ansicht zynischer Medien in irgend einer Weise die Öffentlichkeit interessieren könnte. Manchmal kann das bereits bei schweren Unfällen der Fall sein. Oder der Verstorbene war prominent oder erschien aus irgendeinem anderen Grund für die Presse interessant. In all diesen Fällen kann es passieren, dass die Reporter der »Revolverblätter« auch über Sie oder andere Angehörige »herfallen«.

Unbekannte Besucher abweisen

Es hilft, in solchen Fällen kategorisch und nachdrücklich jedem freundlichen Unbekannten am Telefon oder an der Haustür zu erklären, dass man ausdrücklich eine Berichterstattung verbietet und auf gar keinen Fall mit Bild oder Text in irgend einer Weise zitiert werden möchte.

Zwar verliert ein Verstorbener grundsätzlich mit seinem Tod alle Rechte und Pflichten. Deswegen kann man genaugenommen eigentlich nicht von Rechten der Verstorbenen sprechen. Allerdings können manche Rechte in ihrer Wirkung den Tod überdauern. Dies wird aus dem Grundgesetz der Bundesrepublik (GG) gefolgert:

Art. 1 Abs. 1 GG [Schutz der Menschenwürde]

Die Würde des Menschen ist unantastbar.

Zu dem Begriff der Würde gehören alle Rechte, die zu Lebenszeiten des Menschen die Persönlichkeitsrechte des Verstorbenen ausmachen.

8.1 Was sind Persönlichkeitsrechte?

Zu den Persönlichkeitsrechten gehört in erster Linie die menschliche Handlungsfreiheit. Dies ist das Recht, alles zu tun, solange man nicht die Rechte anderer verletzt oder gegen die verfassungsmäßige Ordnung oder das Sittengesetz (Art. 2 Abs. 1 GG) verstößt.

Das Bundesverfassungsgericht hat jedoch auch ein Allgemeines Persönlichkeitsrecht geschaffen. Dieses Recht kann an den unterschiedlichsten Stellen Bedeutung erlangen. Verletzt werden kann es z.B. durch die Benutzung des Fotos eines Menschen ohne dessen Erlaubnis zu Werbezwecken, aber auch durch die Darstellung in Karikaturen, wenn diese die Grenzen der *Kunstfreiheit* überschreiten.

Der Staat ist verantwortlich dafür, das die Persönlichkeitsrechte und insbesondere die Ehre und die Würde der Menschen auch nach ihrem Tode geschützt werden. Deshalb gibt es im Strafgesetzbuch (StGB) Vorschriften, die Verletzungen von Persönlichkeitsrechten verbieten. Bestimmte Verhaltensweisen sind verboten und strafrechtlich verfolgbar. Mit Strafe bedroht ist beispielsweise die »Verunglimpfung des Andenkens Verstorbener«, d.h., die Verleumdung nach dem Tod. Nicht nur ethische Grundsätze, sondern auch gesetzliche Vorschriften verbieten, nach dem Tod über jemanden schlecht zu reden, soweit das Gesagte nicht nachweislich der Wahrheit entspricht.

8.2 Wie können Sie sich als Angehöriger gegen die Medien wehren?

Gegen bestimmte Verhaltensweise unseriöser Pressevertreter können Sie sich wehren. Denn nach den Regeln des Presserechts kann in einem solchen Fall die Unterlassung der Beeinträchtigungen oder auch der Widerruf von ehrverletzenden Äußerungen verlangt und notfalls auch gerichtlich eingeklagt werden. Unter Umständen können Sie als naher Angehöriger sogar Schmerzensgeldansprüche geltend machen. Voraussetzung ist allerdings, dass durch die Berichterstattung unzulässig in die Persönlichkeits-

Tipp

Widerruf einklagen

rechte des Verstorbenen oder in die seiner Angehörigen eingegriffen wird. Ob das im Einzelfall gegeben ist, kann im Rahmen dieses Buches nicht allgemeingültig geklärt werden.

Spezialisierte Rechtsanwälte suchen

Wenn Sie Probleme mit der Presse haben, sollten Sie einen im Presserecht erfahrenen Rechtsanwalt aufsuchen. Wenden Sie sich an die nächstgelegene Rechtsanwaltskammer (Adressen siehe S. 186 ff.). Dort können Ihnen die Namen von Anwälten genannt werden, die auf diesem Rechtsgebiet Erfahrungen haben.

8.3   Einverständnis zu Obduktion und Sektion

Ihr Einverständnis als Angehöriger ist nicht erforderlich, wenn es sich um eine vom Staatsanwalt angeordnete Obduktion handelt. Das bedeutet aber auch, dass Sie als Angehöriger gegen die von einem Staatsanwalt angeordnete Obduktion fast nichts unternehmen können. In einem solchen Fall soll immer eine zweifelhafte Todesursache geklärt werden. Und dann ist ein entgegenstehender Wille der Angehörigen unerheblich.

Wenn es sich um eine klinische (oder anatomische) Sektion handelt, dann will das Krankenhaus durch die Leichenöffnung herausfinden, woran der Tote gestorben ist. Diese Sektionen dienen nicht zuletzt auch dem wissenschaftlichen Fortschritt. Die Sektion darf nur mit der Zustimmung des Verstorbenen oder der Angehörigen stattfinden. Und das bedeutet, dass Sie als Angehöriger die Sektion notfalls auch verhindern können.

Einverständnis im Behandlungsvertrag

Ab und zu wird die Zustimmung der Angehörigen nicht mehr benötigt, weil eine Zustimmung bereits über das Kleingedruckte des Behandlungsvertrages zwischen Krankenhaus und Patient vereinbart worden ist. Das höchste deutsche Zivilgericht, der Bundesgerichtshof (BGH), hat vor ein paar Jahren entschieden, dass eine solche vertragliche Vereinbarung wirksam ist. Zwar ist ein Patient bei der Einlieferung in ein Krankenhaus fast immer von seiner Krankheit abgelenkt und hat daher kaum Gelegenheit,

in die allgemeinen Geschäftsbedingungen der Krankenhäuser Einsicht zu nehmen, aber das haben die Richter
des Bundesgerichtshofs bei ihrer Entscheidung beachtet.
In ihrem Urteil stellten die Richter die Bedeutung der
medizinischen Forschung über den Schutz des Toten und
auch über die Interessen der Angehörigen an einem unver-
sehrten Leichnam. Trotzdem kann auch in einem solchen
Fall noch etwas getan werden: Wenn Sie verhindern wollen, dass der Angehörige durch die Ärzte des behandelnden Krankenhauses seziert wird, müssen Sie als Erbe diesen Willen rechtzeitig gegenüber dem Krankenhaus und
den behandelnden Ärzten äußern. In aller Regel wird einer
solchen Willensäußerung Rechnung getragen. Immerhin
besteht für die Ärzte und die Mitarbeiter der Krankenh-
ausverwaltung das Risiko, dass sie sich der Störung der
Totenruhe strafbar machen könnten, wenn die Obduktion
trotzdem vorgenommen würde. Das wäre eine Straftat und
könnte gemäß § 168 StGB mit bis zu drei Jahren Gefängnis bestraft werden.

**Starke Be-
deutung der
medizinischen
Forschung**

8.4 Das Einverständnis in die Organspende

Eine Organentnahme zum Zweck der Organspende darf
nicht gegen den Willen des Verstorbenen durchgeführt
werden. Wenn ein Einverständnis des Verstorbenen in die
Organspende vorliegt, dürfen auch ohne Rücksprache mit
den Angehörigen Organe entnommen werden. Dies ist im
Transplantationsgesetz geregelt und ist eine Folge der Fort-
wirkung des Selbstbestimmungsrechts jedes Menschen.

**Einver-
ständnis des
Verstorbenen
als Vorausset-
zung**

Die Einwilligung in die Organspende kann auf die Ent-
nahme bestimmter Organe beschränkt werden. Jugendli-
che können erst ab 16 Jahren selbst in eine Organspende
einwilligen, ab 14 Jahren ist ein Widerspruch möglich.

8.5 Wenn keine Erklärung des Verstorbenen zur Organspende vorliegt

Transplantationsgesetz

In den überwiegen Fällen haben Verstorbene zu Lebzeiten – aus welchen Gründen auch immer – keine Erklärung zur Organspende abgegeben. In solchen Fällen regelt das Transplantationsgesetz, dass die nächsten Angehörige als Sachwalter des über den Tod hinaus fortwirkenden Persönlichkeitsrechts verpflichtet sind, den Willen Verstorbenen bei der Entscheidung über eine Organspende zu beachten. Wenn der Verstorbene sich zu Lebzeiten dazu niemals geäußert hat und auch Anhaltspunkte für einen mutmaßlichen Willen fehlen, müssen die nächsten Angehörigen nach eigenem Ermessen entscheiden.

9. Problem: Wie erfahre ich alle Bankverbindungen des Verstorbenen?

Kontoauszüge suchen

Lösung: Nach Kontoauszügen suchen! Häufig sind auch auf den Auszügen der »Hausbank« Hinweise auf andere Banken zu finden, bei denen der Verstorbene Konten hatte. In den meisten Fällen werden sich Belege für Überweisungen, Ein- oder Auszahlungen finden. Wenn es eine Bank im Ausland gibt – vielleicht denken Sie dabei an das berühmte Nummernkonto in der Schweiz oder an Depotkonten in Luxemburg –, dann wurde dort häufig bar eingezahlt und Sie finden in den Kontoauszügen keinerlei Hinweise außer Belege für umfangreiche Barauszahlungen. Sie müssen dann entweder die Kontonummer und den Namen der Bank unter den Papieren des Verstorbenen finden oder Sie haben ganz einfach Pech gehabt. Es gibt gerade in der Schweiz viele Konten, die nach dem Tod eines Menschen »verlorengegangen« sind und große Vermögen aufweisen – die geheimen Schatzkammern der heutigen Zeit.

10. Der Umgang mit Versicherungen

Die Versicherungen des Verstorbenen müssen benachrichtigt werden, vor allem diejenigen, die im Todesfall etwas auszahlen müssen. Als Beispiele seien hier genannt: Lebensversicherungen, Unfallversicherungen, private (Sozialversicherungszusatz) Versicherungen, die Sterbekasse und natürlich die gesetzlichen Krankenkassen.

11. Die Checkliste für die Angehörigen nach dem Todesfall

- Ausstellung eines Totenscheins (durch einen Arzt) veranlassen.

- Standesamt im Bürgermeisteramt vom Todesfall informieren und beim Standesamt durch Vorlage des Totenscheins Sterbeurkunde beantragen.

- Organisation der Begräbnisfeierlichkeiten – viele Beerdigungsunternehmen bieten diesen Service an – und Todesanzeige an die Zeitungen.

- Schriftliche Nachricht an alle Versicherungen und Verträge kündigen. Achtung: Der Schadenfreiheitsrabatt der Pkw-Haftpflichtversicherung kann unter bestimmten Umständen vererbt und von den Erben übernommen werden (vgl. S. 44).

- Schriftliche Nachricht an die Bank(en) und alle bekannten Konten sperren lassen.

- Kündigung des Mietvertrages: Wenn der Verstorbene in einer Mietwohnung wohnte, geht der Vertrag auf die Erben über. Wenn nicht innerhalb eines Monats (außerordentliche Kündigungsmöglichkeit) gekündigt wird, bleiben die Erben Mieter und müssen die Miete zahlen, auch wenn sie die Wohnung gar nicht nutzen wollen.

- Daueraufträge und Kontoeinzugsberechtigungen bei der Bank kündigen. Außerdem sollten alle Vertragspartner des Verstorbenen, die per Dauerauftrag Geld bekamen oder eine Kontoeinzugsberechtigung hatten, informiert werden; dabei sollte auch der jeweilige Vertrag gekündigt werden. Wichtig ist: Sie müssen solche Dinge schriftlich machen und immer eine Kopie des Schreibens aufbewahren. Ärger kann es geben, wenn einzelne Vertragspartner des Verstorbenen vergessen werden. Das führt dann dazu, dass nach Auflösung des Kontos die Versuche, die Einziehung der Gelder zu betreiben, scheitern und dann empörte (Mahn-)Briefe im Briefkasten landen. Ein Tipp: Gehen Sie systematisch die Kontoauszüge des letzten Jahres durch.

- Telefon bei der Telekom abmelden (Handy und Internetanschluss nicht vergessen).

- Strom und Wasser kündigen und ablesen lassen.

- Milch, Tageszeitung, Getränkelieferanten, Brötchen, das Abo z.B. für die Briefmarkensammlung, die Telefonkartensammlung, usw. nicht vergessen und ebenfalls kündigen.

- Den Haushalt auflösen. Es gibt Firmen, die sich auf Haushaltsauflösungen spezialisiert haben – Sie finden Adressen in den Gelben Seiten unter »Haushaltsauflösungen«.

- Kontakt zum Nachlassgericht herstellen, damit für den Fall eines hinterlegten Testaments dieses eröffnet werden kann – in Baden-Württemberg werden diese Aufgaben des Nachlassgerichts von den Bezirksnotariaten wahrgenommen.

Nichtablieferung eines Testaments ist strafbar

- Wenn Sie ein oder mehrere eigenhändig geschriebene Testamente finden, müssen diese umgehend beim Nachlassgericht abgeliefert werden. Dem Testament ist eine Sterbeurkunde beizufügen. Mit der Ablieferung des Testament ist der Antrag auf Testamentseröffnung zu verbinden. Aber das wird Ihnen alles auch bei Gericht erklärt. Vorsicht: Bei Nichtablieferung eines Testaments macht man sich strafbar und unter Umständen schadenersatzpflichtig.

- Beantragung des Erbscheins. Achtung: Ein Erbschein kostet Geld und Sie sollten nur dann einen beantragen, wenn Sie auch wirklich einen brauchen und die standesamtlichen Sterbeurkunden nicht ausreichen – meist reicht ein notariell beurkundetes öffentliches Testament, so z.B. für das Grundbuchamt.

- Das Finanzamt muss informiert werden, denn es muss geprüft werden, ob dem Staat eine Erbschaftssteuer zusteht. Wenn eine Steuerpflicht besteht, muss eine Erbschaftssteuererklärung abgegeben werden.

Kapitel 2
Ein Überblick über das Erbrecht aus der Sicht des Erben

Das Erbrecht hat eine uralte Tradition. Denn schon immer hatten die Menschen ein Interesse daran, nach ihrem Tod noch ein bisschen Einfluss auf die Geschicke auf Erden zu behalten und sei es auch nur, indem sie bestimmten, wer ihr Vermögen nach ihrem Tod erhalten sollte. Und schon immer mussten die Erben mit den Verfügung der Verstorbenen leben. Für Sie als Mitglied der Erbengeneration ist es wichtig, sich im Erbrecht auszukennen. Dies zum einen, um herauszufinden, ob Sie überhaupt erbberechtigt sind. Dies zum anderen, um beurteilen zu können, welche rechtlichen Konsequenzen Ihre Erbenstellung gegebenenfalls für Sie haben könnte.

1. Warum sich auch Erben mit dem Erbrecht auskennen sollten

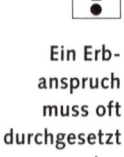

Ein Erbanspruch muss oft durchgesetzt werden

Erben und solche, die es werden könnten, sollten sich gleich aus mehreren Gründen mit dem Erbrecht auskennen. Dies zum Einen, weil man als Erbe nur Rechte wahrnehmen kann, von denen man Kenntnis hat. Dies aber insbesondere auch, wenn mehrere Berechtigte vorhanden sind. Denn allzu oft muss ein Erbe gegen Widerstand erworben oder gar erkämpft werden. Mit Kenntnissen im Erbrecht wird es leichter, sein gutes Recht zu bekommen.

2. Was bedeutet Erbrecht?

Das Erbrecht regelt, wer Erbe wird, wenn keine Testamente vorhanden sind und welche rechtlichen Folgen mit dem Erbfall eintreten. Einen breiten Raum nehmen letztwillige Verfügungen wie Testament und Erbvertrag und ihre Ausgestaltung ein. Außerdem werden im Erbrecht beispielsweise die Folgen der Enterbung und insbesondere das Pflichtteilsrecht geregelt.

Das Erbrecht ist vor allem im Bürgerlichen Gesetzbuch (BGB) geregelt. Das BGB ist in verschiedene so genannte Bücher aufgeteilt. Eines der Bücher ist das Erbrecht. Vom Umfang macht das Erbrecht keinen besonders großen Teil des BGB aus. Die Bedeutung und die Komplexität des Erbrechts wird allerdings sogar von Juristen unterschätzt.

Das Erbrecht als Teil des Bürgerlichen Gesetzbuches

Das Erbrecht ist nicht zu trennen von einem anderen Teil des BGB, dem Familienrecht. Es macht beispielsweise bei den Erbquoten einen erheblichen Unterschied, ob der Verstorbene verheiratet war oder nicht oder wie viele Kinder er hat.

Das Familienrecht ist wie das Erbrecht ein Teil des BGB, genauer, das vierte Buch im BGB, und umfasst die Vorschriften der §§ 1297 bis 1921. In diesen Vorschriften werden die rechtlichen Beziehungen der Mitglieder der Familie zu einander und zu Dritten geregelt. Vor allem die wesentlichen Teile des Eherechts, die elterliche Sorge, die Vormundschaft und das Umgangsrecht. Überschneidungen von Erb- und Familienrecht gibt es, wenn der Erblasser verheiratet war oder er Abkömmlinge (Kinder, auch nicht eheliche Kinder) hatte. Aber auch andere Rechtsgebiete beeinflussen das Erbrecht. Das gilt z.B. für die Bestattung (vgl. S. 19 ff.) oder auch steuerrechtliche Fragen. Da diese für die Erben nicht ganz unwichtig sind, werden wir uns später in diesem Buch auch ausführlich mit den steuerrechtlichen Folgen beschäftigen (vgl. S. 165 ff.).

Paragrafen beißen nicht. Damit Sie immer auch den richtigen Paragrafen finden, hier kurz ein Beispiel, wie zitiert wird. Wenn beispielsweise der § 1944 Abs. 2 Satz 2 BGB aufgeführt wird, dann bedeutet das:

Den richtigen Paragrafen finden!

1. Sie finden die Vorschrift im Bürgerlichen Gesetzbuch (BGB).
2. Dort in § 1944 der Absatz zwei. Die Zahl Zwei ist im Gesetzestext gelegentlich mit Klammern (2) gekennzeichnet. Dort heißt es dann § 1944 (2).
3. Und in dem Absatz zwei ist der zweite Satz gemeint. Im Gesetz steht vor dem Satz manchmal eine kleine hochgestellte Zwei, um diese Sätze noch zu nummerieren.

Kapitel 3
Der »Erbfall«

Der Tod eines Menschen wird juristisch als »Erbfall« bezeichnet. Der Verstorbene heißt »Erblasser«. Im weiteren Text werden diese Begriffe weiter benutzt werden.

1. Was Erben bedeutet

Möglicherweise müssen Sie hier umdenken. Denn viele Menschen verstehen unter »Vererben« vor allem die Zuwendung von einzelnen Vermögensgegenständen. Das fällt z.B. dann auf, wenn Verstorbene Testamente wie beispielsweise dieses hinterlassen:

Mein Testament:

Wenn ich einmal tot bin, soll meine Tochter Uschi meinen Schrebergarten, den sie in den letzten Jahren immer so schön gepflegt hat, behalten. Meinen Fernseher soll meine Nachbarin Hildegard und mein Kaffeeservice sollen meine Kinder aus erster Ehe erhalten.

Liselotte von Knopf

Hamburg, den 15.1.2007

Nicht einzelne Vermögenswerte vererben

In diesem Testament werden einzelne Vermögenswerte zugewiesen. Es wird aber nicht deutlich, wer rechtlich gesehen an die Stelle der Verstorbenen treten soll, wer also nach dem Wunsch der Errichterin des Testaments Erbe werden soll. Das ist nicht so dramatisch, wenn es sich bei den einzelnen im Testament genannten Gegenständen um die gesamtem Vermögenswerte der Verstorbenen handelt und keine Schulden zurückbleiben. Es kann aber sehr problematisch werden, wenn die Verstorbene im obigen Beispielsfall bei der Abfassung des Testaments vergessen hat, dass sie noch ein Mietshaus in bester Wohnlage und eine wertvolle Briefmarkensammlung hat. Denn damit stellt sich die Frage, wer diese weiteren Vermögenswerte erhält, die hier im Beispiel einmal den Löwenanteil des Nachlasses ausmachen sollen: Die Personen, die im Testament bezeichnet wurden, oder an deren Stelle die gesetzlichen Erben?

Bei Unklarheiten gelten die gesetzlichen Regelungen

Die gesetzlichen Erben wären diejenigen, die nach den gesetzlichen Regelungen erben würden, wenn gar kein Testament errichtet worden wäre. Im vorliegenden Beispielsfall würde gesetzlicher Erbe von Frau Liselotte von Knopf ihre Tochter Uschi werden. Brisant wird es aber dann, wenn Frau von Knopf z.B. noch den ungeliebten Sohn Tom hat, dem sie nichts zukommen lassen wollte.

Der Irrtum, der Liselotte von Knopf in dem obigen Beispielsfall unterlief, beruht darauf, dass viele Menschen »Vererben« als die Weitergabe einzelner Vermögenswerte auffassen. Tatsächlich beinhaltet »Vererben« allerdings den Eintritt des Erben in die rechtliche Stellung des Verstorbenen – mit allen Rechten und Pflichten. Der Erbe erbt also nicht nur einzelne Vermögenswerte, sondern tritt beispielsweise in bestehende Mietverträge des Vererbenden ein und übernimmt auch dessen Vertragspflichten und insbesondere auch Schulden. Auf den Erben geht eben zunächst alles über.

Der Erbe übernimmt Pflichten und Rechte des Verstorbenen

Der Todeszeitpunkt ist der Zeitpunkt, an dem der Nachlass im Ganzen mit allen Rechten und Pflichten von dem Verstorbenen an eine andere Person oder mehrere andere Personen fällt.

2. Was geerbt werden kann

Nach deutschem Recht können eine Vielzahl von Rechten und Pflichten vererbt werden. Tatsächlich sind jedoch einige Rechte so sehr mit einer Person verbunden, dass sie nicht vererbt werden können. Es muss also unterschieden werden.

Zu den vererbbaren Rechten eines Menschen gehören nicht nur die Rechte an einzelnen Vermögensgegenständen, sondern alle Rechte, die in irgendeiner Form »Ver-

Vererbbare Rechte

**Nießbrauch
ist nicht
vererbbar**

mögenswert« besitzen. Dazu gehören also beispielsweise Forderungen des verstorbenen Vermieters gegen seine Mieter auf Nachzahlung von Betriebskosten, Schmerzensgeldansprüche des Unfallopfers, die dieses vor seinem Tod erworben hat, Ansprüche aus dem Arbeitsverhältnis oder Nutzungsrechte aus einem Überlassungsvertrag. Lediglich einige Rechte sind nicht vererbbar. Dazu gehört z.B. der Nießbrauch, also beispielsweise das Recht, alle Nutzungen aus einem Grundstück oder einer Wohnung zu ziehen, ohne Eigentümer zu sein.

Interessanterweise sind Urheberrechte zwar dem Geisteswerk des Urhebers zuzuordnen und sind daher dem Prinzip nach sehr eng an den Urheber gebundene Rechte. Da sie jedoch auch einen Vermögenswert darstellen und etwa Tantiemen abwerfen können, werden sie dennoch als vererbbar angesehen und gehen deshalb auf die Erben über.

Natürlich gehören zu den vererbbaren Rechten auch die Rechte aus dem Mietvertrag des Erblassers, wobei es keine Rolle spielt, ob der Erblasser Vermieter oder Mieter war.

**Auf Vererb-
barkeit des
Schadenfrei-
heitsrabatts
achten**

Interessanterweise kann auch der Schadenfreiheitsrabatt einer Kfz-Versicherung zu den vererbbaren Rechten gehören. Voraussetzung ist allerdings zum einen, dass der Versicherungsvertrag das vorsieht. Insoweit kann es sich lohnen, dies rechtzeitig mit dem Versicherungsunternehmen zu klären. Zum anderen kann der Schadenfreiheitsrabatt nur dann auf einen bestimmten Erben übergehen, wenn dieser das versicherte Fahrzeug des Verstorbenen zu Lebzeiten des Verstorbenen zumindest mitbenutzt hat. Die Versicherung wird den Freiheitsrabatt also nur dann auf den Erben übertragen, wenn dies entsprechend geltend gemacht wird.

3. Auch Pflichten werden vererbt

Wie bereits angedeutet, werden nicht nur Rechte, sondern auch Pflichten vererbt. Das bedeutet, dass nicht nur Vermögensgegenstände oder Forderungen des Erblassers auf die Erben übergehen, sondern auch Zahlungspflichten, wie z.B. die Rückzahlungspflicht von Bankkrediten, Kaufpreisforderungen und auch Unterhaltsansprüche.

> **Beispiel**
>
> Wenn der Ehemann stirbt, ist zwar seine geschiedene Frau nicht (mehr) erbberechtigt. Die Ehefrau aus zweiter Ehe ist gesetzliche Erbin. Als Erbin erbt sie auch die Pflicht, Unterhaltsansprüche ihres Ehemanns gegenüber den Kindern aus erster Ehe zu erfüllen. Das führt dazu, dass die zweite Ehefrau bestehende Unterhaltsansprüche der Ex-Frau mit ihrem Vermögen erfüllen muss.

4. Vereine und Gesellschaften können erben

Manch ein Erblasser würde gerne auch andere Personen als die Anverwandten oder vielleicht auch Personenvereinigungen als Erben einsetzen. Es stellt sich also die Frage, ob beispielsweise »meine Skatrunde«, »mein Schachverein« oder eine bestimmte politische Partei als Erbe geeignet ist. Grundsätzlich ist für die Erbfähigkeit Voraussetzung, dass eine eigene Rechtspersönlichkeit vorliegt mit der Fähigkeit, Träger von Rechten und Pflichten zu sein. So können beispielsweise juristische Personen erben, wenn ein wirksamer letzter Wille vorliegt.

Erbrecht juristischer Personen

> Eine juristische Person ist ein Rechtssubjekt, das aufgrund gesetzlicher Anerkennung rechtsfähig ist. Das heißt, dass es selbst Träger von Rechten und Pflichten sein kann, dabei aber keine »natürliche Person« (also ein Mensch) ist. Juristische Personen sind privatrechtliche Stiftungen und Körperschaften des privaten Rechts. Juristische Personen des öffentlichen Rechts sind Körperschaften (also z.B. der Staat selbst, Gebietskörperschaften wie Gemeinden, Kirchen usw.), Anstalten (also z.B. Rundfunkanstalten, Studentenwerke) oder (öffentliche) Stiftungen.

Was ist eine juristische Person?

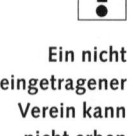

Ein nicht eingetragener Verein kann nicht erben

Auch ein eingetragener Verein ist beispielsweise erbfähig. Einem nicht eingetragenen Verein fehlt allerdings die Erbfähigkeit. Nicht rechtsfähige Vereine sind z.B. Gewerkschaften, die Heilsarmee, Studentenverbindungen oder Ordensniederlassungen. Auch eine politische Partei ist ein nichteingetragener Verein und verfügt daher genau so wenig über eine eigene Rechtspersönlichkeit und damit über die Erbfähigkeit wie ein Zusammenschluss von Personen, die beispielsweise das Interesse für eine Sportart oder ein Gesellschaftsspiel verbindet. Aus diesem Grunde kann auch eine Skatrunde kein tauglicher Erbe sein. Will ein Erblasser trotz fehlender Erbfähigkeit einen Vermögenswert zuwenden, kann allerdings ein Vermächtnis weiterhelfen.

Kapitel 4
Der Einfluss des Erblassers auf die Erbfolge

»Vererben« ist zunächst einmal ein natürlicher Vorgang. Mit dem Tod eines Menschen treten seine Erben an seine Stelle. Ein Zutun des Verstorbenen zu Lebzeiten ist nicht zwingend erforderlich. Der Nachlass wird also nicht »herrenlos«, wenn der Erblasser zu Lebzeiten nicht vorgesorgt hat. Der Gesetzgeber hat gesetzlich für jeden Fall festgelegt, wer nach dem Tod eines Menschen Erbe wird, wenn es kein Testament oder andere Regelungen des Verstorbenen gibt. Die gesetzliche Erbfolge führt in vielen Fällen zu einem Ergebnis, das den Wünschen des Erblassers entspricht.

Die gesetzliche Erbfolge regelt jeden Fall

Eine ausführliche Darstellung der gesetzlichen Erbfolge mit vielen Beispielen bietet der Ratgeber »Nachlassplanung«, der in allen Verbraucherzentralen erhältlich ist.

Der Übergang der Vermögenswerte durch den Erbfall im Wege der gesetzlichen Erbfolge muss aber nicht immer die vorteilhafteste Variante sein. In diesem Fall kann der Erblasser die zu Lebzeiten erheblichen Einflussmöglichkeiten nutzen und von der gesetzlichen Erbfolge abweichende Gestaltungen treffen.

1. Der Erbe und die Testierfreiheit des Erblassers

Die deutsche Rechtsordnung gewährleistet die Testierfreiheit. Das bedeutet, dass jeder frei von Todes wegen über das eigene Vermögen verfügen kann. Die so genannte Testierfreiheit ist eine Ausprägung der Eigentumsgarantie und als eines der wichtigsten Schutzrechte in Art. 14 GG (Grundgesetz) abgesichert. Dabei kennt das deutsche Recht – ebenso wie bei allen anderen Freiheiten – auch bei der Testierfreiheit Grenzen. Dem Erblasser werden insoweit vor allem durch das Pflichtteilsrecht Grenzen gesetzt. Der

**Der Pflicht-
teilsanspruch**

Pflichtteilsanspruch ist ein grundsätzlich unentziehbarer Anteil am Nachlass, der bestimmten nahen Verwandten des verstorbenen Erblassers selbst dann zusteht, wenn sie durch den Erblasser enterbt wurden. Zum Pflichtteilsrecht können Sie im Kapitel zur Bedeutung der Pflichtteilsansprüche (ab S. 132) und im Kapitel zum Entzug des Pflichtteils (ab S. 144) dieses Buches mehr erfahren.

**Die
Testierfreiheit
wird stark
geschützt**

Im Rahmen der anwaltlichen Beratung kommen ratsuchende Angehörige gelegentlich darauf zu sprechen, ob gegen die Freiheit des Testierenden etwas unternommen werden kann. Wegen der erwähnten Testierfreiheit sind dem Erblasser grundsätzlich kaum Grenzen gesetzt. Der erwartungsvolle Erbe kann also im Normalfall nichts dagegen unternehmen, wenn der Erblasser andere Personen zu Erben bestimmt. Auch kommt vor, dass der potentielle Erbe mit ansehen muss, wie der Erblasser zu Lebzeiten sein Vermögen »verjubelt«. Der ab und zu geäußerten Frage, ob nicht eine Entmündigung helfen kann, muss entgegen gehalten werden, dass es eine Entmündigung im deutschen Recht nicht mehr gibt. An die Stelle der Entmündigung ist das sehr viel differenziertere Betreuungsrecht getreten. Um eine volljährige Person daran hindern zu können, über sein Vermögen zu verfügen, müsste eine Vermögensbetreuung durch das Vormundschaftsgericht eingesetzt werden und zusätzlich ein so genannter Einwilligungsvorbehalt angeordnet werden. In der Regel werden die Voraussetzungen für die Einsetzung einer Vermögensbetreuung nicht vorliegen. Denn Voraussetzung dafür ist eine psychische Krankheit oder eine körperliche, geistige oder seelische Behinderung. Außerdem muss zu befürchten sein, dass die betroffene Person bestimmte Angelegenheiten als Folge der Behinderung oder Krankheit nicht mehr eigenständig bewältigen kann.

Tipp

**Beratungs-
suche**

Falls Sie jedoch Anzeichen dafür sehen, dass der Betroffene möglicherweise wirklich nicht mehr mit seinen Angelegenheit klar kommt, empfehle ich Ihnen den Rat eines Anwalts einzuholen oder das Vormundschaftsgericht aufzusuchen.

2. Wenn das Erben zeitlich vorgezogen werden kann

In manchen Fällen macht es für den Erben erheblichen Sinn, wenn der Erblasser das »Vererben« zeitlich vorzieht. Das wird als vorweggenommene Erbfolge bezeichnet. Wenn einzelne Vermögenswerte bereits zu Lebzeiten vorzeitig »vererbt« – sprich: verschenkt – werden, kann dies steuerliche Vorteile mit sich bringen. Denn durch eine Übertragung der Vermögenswerte zu Lebzeiten können steuerrechtliche Freibeträge mehrfach ausgenutzt werden, wenn die Übertragung rechtzeitig erfolgt (vgl. S. 172). Die Übertragung zu Lebzeiten kann aber auch den Charakter einer Erprobung annehmen. So kann z.B. der Erblasser bei bestimmten Vertragsgestaltungen überprüfen, ob der Empfänger mit den überlassenen Vermögensteilen so umgeht, wie er sich das vorgestellt hat. Geschieht dies nicht, kann der Erblasser eingreifen. Etwa, indem er Anleitungen gibt oder – im Extremfall – indem er von einem vertraglichen Rückforderungsvorbehalt Gebrauch macht.

Ausnutzung steuerrechtlicher Freibeträge

In diesem Zusammenhang bestehen oft Sorgen der zukünftigen Erblasser. Steuerberater oder Rechtsanwälte werden, wenn sie ihre Aufgabe verantwortungsvoll ausüben, davon abraten, Schenkungen aus rein steuerrechtlichen Motiven vorzunehmen. Denn es besteht bei vorgezogenen Vermögensübertragungen immer das Risiko, dass das Ergebnis in einigen Jahren nicht mehr den Wünschen des Schenkers entspricht. Diesen Bedenken kann begegnet werden, indem grundsätzlich »ein Hintertürchen« offen gehalten wird. So könnte es durch eine entsprechende vertragliche Gestaltung ermöglicht werden, dass der Schenkende das Heft des Handelns wieder in die Hand nehmen kann.

Durchdachte Vertragsgestaltung

Beispiel

Der Besitzer eines Mietshauses überschreibt das Grundstück zu einem Teil auf seine beiden Kinder, damit diese später einmal weniger Erbschaftsteuer bezahlen müssen. Während der Sohn sich hoffnungsvoll entwickelt, geht seine Tochter mit 18 Jahren eine Ehe mit einem erfolglosen Unternehmer ein, der vor allen Dingen Schulden erwirtschaftet. Die Tochter stirbt zu allem Unglück kurze Zeit nach der Heirat bei einem Verkehrsunfall. Der überschuldete Unternehmer tritt rechtlich an ihre Stelle und erbt. Seine Gläubiger pfänden nun den von ihm geerbten Miteigentumsanteil am Mietshaus. Es droht die Zwangsversteigerung.

Dieser Fall, den der Verfasser als Rechtsanwalt vor einigen Jahren begleiten musste, ist exemplarisch für eine Vielzahl von Erblasserentscheidungen, die zu Lebzeiten getroffen wurden, um Steuern zu sparen und die sich später als grundfalsch herausgestellt haben. Wie das Beispiel zeigt, kann eine unkluge Übertragung sich auch für einzelne Erben ungünstig auswirken. Ein Erbe sollte erst dann übertragen werden, wenn ein Entscheidungsprozess abgeschlossen ist.

Tipp

Rücktrittsrecht oder das Recht auf Rückforderung im Schenkungsvertrag festhalten

Den Gefahren, die mit falschen Entscheidungen zu Lebzeiten verbunden sind, kann durch entsprechende vertragliche Gestaltungen teilweise begegnet werden. Im Interesse des Erblassers aber auch der Erben kann es empfehlenswert sein, zu Lebzeiten Rücktrittsrechte bzw. das Recht zur Rückforderung vorzusehen. Entwickeln sich die Dinge nicht so, wie das der Schenkende erwartet hat, kann bei Bedarf durch die Rückforderung die Schenkung ganz oder teilweise rückgängig gemacht werden. Zwar können durch eine solche Regelung oft die Zweifel des Vererbenden vermindert und so wichtige Verfügungen zeitlich vorgezogen werden. Allerdings wird die Möglichkeit eingeschränkt, beispielsweise Steuerfreibeträge mehrfach auszunutzen. Denn Rückforderungsrechte werden vom Finanzamt nur toleriert, wenn sie für Einzelfälle (z.B. des Vorversterbens des Beschenkten) vereinbart sind, nicht aber pauschal im freien Belieben des Schenkers stehen. Wird die Schenkung aus anderen Gründen widerrufen, kann das bedeuten, dass in einem solchen Fall die vorzeitige Schenkung das eigentliche Ziel, nämlich die Einsparung von Steuern, nicht erreicht.

Bei Widerruf keine Steuerersparnis

3. Die Gestaltungsmöglichkeiten des Erblassers

Außer den Schenkungen zu Lebzeiten kann ein Erblasser seinem letzten Willen noch auf andere Weise Geltung verschaffen. Der bekannteste Weg ist das Testament. Weniger bekannt ist der Erbvertrag. Auf Testament und Erbvertrag werden wir noch später eingehen (vgl. S. 53 ff.). Sowohl durch ein Testament als auch mit einem Erbvertrag besteht die Möglichkeit, den Übergang von Vermögenswerten von Todes wegen zu gestalten. Anders als ein Testament kann ein Erbvertrag allerdings bereits zu Lebzeiten seine Wirkung entfalten. Man spricht dann beispielsweise von gemischten Schenkungs- und Erbverträgen bzw. von Vermögensübergabeverträgen. Allen gemein ist, dass durch sie die Möglichkeiten geschaffen wird, bereits zu Lebzeiten, eine Vermögensnachfolge zu gestalten.

Ein Erbvertrag wirkt schon zu Lebzeiten

Nach den Buchstaben des Gesetzes stehen dem Erblasser zu Lebzeiten eine ganze Reihe von Instrumenten zur Verfügung, mit denen dem er seinem letzten Willen gestalten kann. Die folgenden Stichworte sind die wichtigsten:

- Testament oder Erbvertrag
- Erbeinsetzung
- für den überlebenden Lebensgefährten/Ehepartner vorsorgen
- Enterbung
- Vorsorge bei Schulden
- Schenkungen zu Lebzeiten vornehmen
- Liquidität zum Ausgleich der Schenkungsteuer bereit stellen
- die Ansprüche Pflichtteilsberechtigter berücksichtigen

- Testamentsvollstreckung
- Vermächtnis und Auflage
- Wiederverheiratungsklausel

Ohne Testament und Erbfolge bestimmt sich die Erbfolge nach den gesetzlichen Regelungen.

Kapitel 5
Was Sie als Erbe über Testament und Erbvertrag wissen sollten

Der Erbe bekommt oft erst im Zusammenhang mit dem Erbfall Kenntnis von dem Inhalt eines Testaments. Durch das Nachlassgericht wird er eine Kopie des Testaments erhalten. Um die verschiedenen Regelungen in einem Testament verstehen und ihre Auswirkungen beurteilen zu können, müssen Sie sich auch als Erbe damit beschäftigen.

Das gilt insbesondere dann, wenn Sie vom späteren Erblasser gebeten werden, bei der Suche nach Lösungen unterstützend tätig zu werden.

1. Das Testament

Wie bereits erwähnt, gibt es verschiedene Möglichkeiten, seinen letzten Willen festzuhalten. So gibt es zum einen die Möglichkeit ein Testament zu verfassen. Wenn vertragliche Gestaltungselemente und insbesondere eine Bindung des Erblassers an seine Verfügungen gewünscht ist, bietet sich auch ein Erbvertrag an, mit dem wir uns später auseinandersetzen werden (siehe S. 88 ff.).

1.1 Nicht jedes Testament ist wirksam

Ein Testament muss unbedingt bestimmten Anforderungen genügen, um wirksam sein zu können. Man spricht davon, dass ein Formerfordernis besteht. Dabei ist zwischen dem privatschriftlichen Testament und dem so genannten öffentlichen Testament zu unterscheiden, welches nur mit Hilfe eines Notars errichtet werden kann.

Ohne die richtige Form ist das Testament unwirksam

Formerfordernisse des privatschriftlichen Testaments:

Ein Testament *muss*

- vom Erblasser von vorn bis hinten handschriftlich eigenhändig geschrieben werden,

- und mit seiner eigenhändigen Unterschrift versehen werden.
- jedenfalls muss sich aus dem Inhalt ergeben, dass es sich um eine letztwillige Verfügung handelt, also um ein Dokument, mit dem der Verfasser Einfluss auf die Erbfolge nehmen will.

Ein Testament *sollte*

- als »Testament« bezeichnet werden (am besten in der Überschrift),
- lesbar, unmissverständlich nicht in sich widersprüchlich sein,
- mit Datum (Tag, Monat, Jahr)
- und Ortsangabe versehen werden

Handschriftliche Abfassung

Weil dies so entscheidend wichtig ist und in der Praxis doch immer wieder geschieht, ist nochmals ausdrücklich festzuhalten, dass Testamente, die mit der Maschine oder am Computer oder von einer anderen Person mit eventuell schönerer Handschrift geschrieben und von Erblasser lediglich selbst unterschrieben sind, *formunwirksam* sind.

1.2   Testamente können auch ohne notarielle Beurkundung wirksam sein

Amtliche Verwahrung nicht zwingend, aber sinnvoll

Ein Testament muss also nicht unbedingt in Zusammenarbeit mit einem Notar verfasst werden, um wirksam zu sein. Und es muss auch nicht zwingend in amtliche Verwahrung gegeben werden. Auch ein loser Zettel, der vom Erblasser achtlos zu den Steuerunterlagen in einen Ordner geheftet wurde, kann die gesetzliche Erbfolge außer Kraft setzen und eine erhebliche rechtliche Bedeutung erlangen. Ob diese Art der Verwahrung allerdings sinnvoll ist und sicherstellt, dass dem letzten Willen des Erblassers Rechnung getragen werden kann, ist eine ganz andere Frage. Diese vom Gesetzgeber vorgesehene Freiheit ist jedoch nicht grenzenlos, sondern wird durch die Formbedürftigkeit eingeschränkt.

1.3 Die Bedeutung der Formerfordernis

Das Formerfordernis ist von großer Bedeutung. Ein for-
munwirksames Testament ist schlicht und einfach unwirksam. An Stelle des in einem formunwirksamen Testament
festgehaltenen letzten Willens tritt dann die gesetzliche
Regelung. Da der Erblasser in aller Regel gerade die gesetzliche Regelung nicht wollte – sonst hätte er sich nicht
die Mühe gemacht, ein Testament zu verfassen – wird
deutlich, wie wichtig die Einhaltung der Formvorschriften
ist. Vor diesem Hintergrund sollte größte Sorgfalt darauf
verwandt werden, dass der vom Erblasser gewünschte
letzte Wille auch formwirksam festgehalten wird und auch
wirklich das von ihm beabsichtigte Ziel erreicht.

Gesetzliche
Regelungen
treten an
die Stelle
unwirksamer
Testamente

1.4 Die Unversehrtheit des Testaments

Für viele Erblasser, die sich von einem Rechtsanwalt oder
Notar über die gesetzlichen Regelungen beraten lassen,
spielt der Schutz des Testaments eine große Rolle. Zwar
muss nach einem Todesfall von jedem, insbesondere also
auch von den Angehörigen, unverzüglich jedes Testament beim zuständigen Nachlassgericht abgegeben werden, sobald es gefunden wird. Manchmal besteht aber die
Befürchtung, dass ein Testament unter Umständen sogar
absichtlich nicht auf diesen Weg gebracht wird oder auf
irgendeine Weise unterwegs verloren gehen könnte. Dabei
muss die Ursache für einen solchen Verlust übrigens nicht
immer ein ungetreuer Angehöriger sein, der sich an der
Urkunde vergreift, weil er sich durch das Testament be-
nachteiligt fühlt. So manches Testament wurde schon das
Opfer von Wohnungsbränden, Überschwemmungen oder
anderen Unglücksfällen. Wenn man seinen letzten Willen zu Hause aufbewahrt, kann es auch eine ganze Weile
dauern, bis ein Testament in den persönlichen Unterlagen
eines Menschen gefunden wird, wenn es überhaupt gefunden wird. In dieser Zeit kann bereits eine ganze Menge
geschehen sein. So können Vermögensgegenstände in die
falschen Hände geraten und Konten angetastet worden
sein.

Aufbewah-
rung beim
Nachlass-
gericht
garantiert Un-
versehrtheit

Die Unversehrtheit des Testaments wird durch die »besondere amtliche Verwahrung« gewährleistet.

Ein notarielles Testament muss zum Nachlassgericht

Während ein handschriftliches Testament an jedem beliebigen Ort verwahrt werden kann, gelten für notariell errichtete Testamente spezielle Regelungen. Notare müssen ein errichtetes öffentliches Testament immer in die besondere amtliche Verwahrung geben. Bei einem handschriftlich verfassten (nicht-öffentlichen) Testament ist die besondere amtliche Verwahrung auch möglich und empfehlenswert, nicht aber zwingend vorgeschrieben.

In jedem Fall ist bei einem notariellen Testament für die Verwahrung das Amtsgericht zuständig, das für den Sitz des Notars zuständig ist. Sobald ein Testament in öffentliche Verwahrung gegeben wird, bekommt es eine Registraturnummer und wird bei dem für den Wohnsitz des Erblassers zuständigen Amtsgericht hinterlegt.

Ausnahmeregelung

Besonderheit für Baden-Württemberg: Dort werden die Testamente beim für den Wohnort zuständigen Bezirksnotariat verwahrt – d.h., die dort beschäftigten Notare verwahren die von ihnen beurkundeten Testamente selbst, und dazu noch diejenigen der in ihrem Bezirk ansässigen freien Notare.

Von der Verwahrung wird auch das Standesamt am Geburtsort des Erblassers benachrichtigt. Dort wird der Umstand, dass ein Testament verwahrt wurde, registriert. Nach dem Tod des Erblassers übersendet das Standesamt, welches den Tod aufgenommen hat, dem Standesamt des Geburtsorts eine Meldung. Dieses leitet die Meldung an das verwahrende Gericht weiter, welches das Testament eröffnet und dem zuständigen Nachlassgericht übersendet. Auf diese Weise gelangt im Erbfall ein verwahrtes Testament automatisch zum Nachlassgericht, auch wenn jemand mehrmals umgezogen ist.

Ist ein Erblasser außerhalb des heutigen Deutschlands geboren, geht die Meldung an eine Zentralkartei, welche beim Amtsgericht Berlin-Schöneberg geführt wird. Leider ist derzeit die Bearbeitung dort eher schleppend und Mitteilungen über Erbfälle werden erst mit weit über einem Jahr Verzögerung versandt.

Aus diesem Grund ist es trotz Mitteilungssystem und weil dieses im Ausnahmefall auch einmal versagen kann, sinnvoll, wenn Testamente beim für den Wohnort zuständigen Nachlassgericht verwahrt werden. Ist dies nicht der Fall, kann das bisherige Verwahrungsgericht um Abgabe der Verwahrung an das Wohnortgericht gebeten werden. Dies ist ohne Mehrkosten möglich

Die besondere amtliche Verwahrung kostet Geld. Die Kosten errechnen sich nach der Kostenordnung (siehe S. 183). Die Höhe der zu bezahlenden Gebühren richtet sich nach dem für das Testament geltenden Geschäftswert. Die Kosten sind nicht besonders hoch. Bei einem Geschäftswert von z.B. 200.000 Euro ist mit Kosten von ungefähr 100 Euro zu rechnen.

Gebühren der amtlichen Verwahrung

Durch die Verwahrung fällt ein Viertel einer ganzen Gebühr an. Um die Kosten der Verwahrung zu ermitteln, ist somit der in der Tabelle (Kostenordnung S. 183) angegebene Betrag durch vier zu teilen. Hinzu können Unkosten treten.

Der Erblasser kann jederzeit die Rücknahme des besonders amtlich verwahrten Testaments verlangen. Dadurch gilt ein notarielles Testament (nicht aber ein privatschriftliches Testament) allerdings als widerrufen und wird sofort unwirksam. An die Stelle der testamentarischen Verfügungen in diesem Testament tritt dann die gesetzliche Erbfolge. Wird ein privatschriftliches Testament in die amtliche Verwahrung gegeben, werden die Notargebühren »gespart«. Die Kosten der amtlichen Verwahrung fallen in jedem Fall an. Nicht gewährleistet ist dann aber natürlich die inhaltliche Richtigkeit.

Notarielles Testament bei Rücknahme aus der amtlichen Verwahrung unwirksam

1.5 Das notarielle Testament

Wenn man sich über den Inhalt des Testaments sicher ist und insoweit auf die notarielle Beurkundung verzichten zu können meint, kann das Testament notfalls am Küchentisch (handschriftlich) verfasst und in der Schublade auf-

Beratung bei Abfassung gewahrt werden. Ist die Unversehrtheit der Testamentsurkunde gefährdet, kann auch bei einem handschriftlichen Testament die amtliche Verwahrung gewählt werden (vgl. S. 54 f.). Sobald über die inhaltliche Gestaltung des letzten Willens Unklarheit besteht und bei erheblichen Vermögenswerten oder komplizierten Familienverhältnissen ist dringend zu empfehlen, dass bei der Verfassung des handschriftlichen Testaments vorher ein fachkundiger Rechtsanwalt hinzugezogen wird. Will man ohnehin die amtliche Verwahrung wählen, dann sollte erwogen werden, gleich zu einem Notar zu gehen und ein notarielles Testament zu errichten.

Der Notar wird den Erblasser beraten, die Urkunde aufsetzen, den Inhalt besprechen, gegebenenfalls Änderungen vornehmen und dann die Endfassung des Testaments beurkunden. Nach der Beurkundung wird der Notar das Testament in besondere amtliche Verwahrung geben.

Übergabe an den Notar im verschlossenen Umschlag Falls der Notar nicht in die Pläne des Erblassers eingeweiht werden soll, kann das Testament dem Notar auch in einem verschlossenen Umschlag mit der Erklärung übergeben werde, dass die Schrift den letzten Willen enthält. Der Notar wird dann die Übergabe der verschlossenen Schrift beurkunden und das Testament in amtliche Verwahrung geben, also in diejenige des Nachlassgerichts. In der Praxis spielt diese Form der Errichtung eines notariellen Testaments allerdings keine Rolle.

1.6   Die Kosten eines notariell beurkundeten Testaments

Netto-Vermögen bestimmt Notargebühren Für seine Tätigkeiten bekommt der Notar Gebühren. Diese richten sich nach dem Geschäftswert der Sache. Die gesetzliche Regelung der Notarkosten findet sich in der Kostenordnung. Der Geschäftswert bei einem Testament richtet sich nach dem Netto-Vermögen zum Zeitpunkt der Testamentserrichtung, also unter Abzug der Verbindlichkeiten. Soweit Grundstücke zum Vermögen gehören, ist der Verkehrswert maßgebend und nicht lediglich der Einheitswert. Der Notar legt grundsätzlich die Angaben des

Verfügenden zugrunde. Überprüft wird in der Regel nur, wenn es Anhaltspunkte für die Unrichtigkeit der Angaben gibt.

Für die Beurkundung eines Testaments wird eine volle Gebühr nach der Kostenordnung fällig. Die Höhe der anfallenden Gebühr für die Testamentserrichtung lässt sich aus der im Buch abgedruckten Gebührentabelle (siehe S. 183) nach der Kostenordnung ersehen, wenn der Gegenstandswert ermittelt wurde. Für einen Ehevertrag, einen Erbvertrag oder ein Ehegattentestament sind zwei volle Gebühren zu bezahlen. Beim Ehevertrag ist allerdings die Ermittlung der Geschäftsgebühr, je nach dessen Inhalt komplizierter. Zu den Gebühren kommen im Einzelfall jeweils noch eine Pauschale von ein paar Euro für die Auslagen (vor allem Schreibauslagen und Porto) sowie die gesetzliche Umsatzsteuer hinzu. Außerdem sind natürlich die bereits erwähnten Gerichtsgebühren – für die zwingend vorgeschriebene Verwahrung – zu zahlen. In den Notargebühren sind sämtliche Beratungsgespräche enthalten.

Kosten der Beurkundung

Die an den Notar zu bezahlenden Gebühren erhöhen sich übrigens durch ein langes Beratungsgespräch oder auch durch mehrere Gespräche nicht. Der Notar wird nach einem oder mehreren Beratungsgesprächen den Entwurf eines Testaments fertigen. Diesen sollten Sie in Ruhe prüfen. Hingegen ist ein zusätzlich eingeschalteter Rechtsanwalt immer zusätzlich zu bezahlen.

Beratungsgespräche kosten nicht extra

Es ist aber zu berücksichtigen, das auch die Fertigung eines Entwurfs gebührenpflichtig ist – und zwar mit der Hälfte der im Falle der Beurkundung entstehenden Gebühr. Das wird aber nur relevant, wenn sich der Erblasser nach auftragsgemäßer Fertigung des Entwurfs anders entscheidet und das Testament nicht beim Notar beurkunden lässt.

Gebührenpflichtiger Entwurf

Kosten eines notariellen Testaments		
Wert des Nachlasses in Euro	Kosten eines einfachen Testaments (inkl. Gebühren und derzeit gültiger Umsatzsteuer) in Euro	Kosten eines Ehegattentestaments (inkl. Gebühren und derzeit gültiger Umsatzsteuer) in Euro
bis 20.000	85,68	171,36
bis 50.000	157,08	314,16
bis 100.000	246,33	492,66
bis 200.000	424,83	849,66
bis 400.000	781,83	1.563,66
bis 600.000	1.138,83	2.277,66
bis 1.000.000	1.852,83	3.705,66

1.7 Vor- und Nachteile der notariellen Beurkundung

Vorteile: inhaltliche Qualität und gesicherte Verwahrung

Ein öffentliches Testament kostet gleich zwei Mal Geld. Zunächst wird der Notar seine Gebühren in Rechnung stellen – daneben sind auch die Kosten der amtlichen Verwahrung zu tragen. Den Kosten eines öffentlichen Testaments steht der unbestreitbare Vorteil gegenüber, dass ein notariell beurkundetes Testament gleich in mehrfacher Hinsicht eine Absicherung bietet. Zum einen durch die Sicherung der inhaltlichen Qualität. In einem notariellen Testament finden sich in der Regel keine missverständlichen Formulierungen, Irrtümer oder rechtlich nicht durchsetzbare Regelungen. Zum anderen aber auch durch die Sicherung der Urkunde. Denn ein Blatt Papier ist ein gefährdeter Gegenstand. Leicht kann es in einem unübersichtlichen Haushalt verloren gehen oder den Wirren einer Haushaltsauflösung zum Opfer fallen. Außerdem kann es durchaus auch vorkommen, dass eine Person, die mit dem Inhalt eines handschriftlichen Testaments nicht einverstanden ist, dieses »verschwinden« lässt.

Unter dem Strich kann eine klare Empfehlung abgegeben werden: Das Geld, das für die Verfassung, Beurkundung und Verwahrung eines so genannten öffentlichen Testaments ausgegeben wird, ist gut angelegt. Eine unbedingte Pflicht, zum Notar zu gehen, ist allerdings nicht gegeben.

Ein notarielles Testament spart den Erbschein

Ein notariell beurkundetes Testament spart in der Regel einen Erbschein, da das notariell beurkundete Testament die gleiche Aufgabe erfüllt wie ein Erbschein. Es wird also beispielsweise von Banken und Versicherungen, beim Grundbuchamt oder Handelsregister – also praktisch überall, wo der Übergang auf den Erben nachgewiesen werden muss – als Nachweis der Erbenstellung akzeptiert werden.

Ein notarielles Testament kann in diesem Fall sogar Kosten sparen helfen. Die Erteilung eines Erbscheins ist nämlich teurer ist als die notarielle Beurkundung des Testaments – mindestens wenn sich die Vermögensverhältnisse zwischen Beurkundung und Erbfall nicht wesentlich ändern.

Der Erbschein ist teurer als ein notarielles Testament

Der Vorteil ist auch bei einem Ehegattentestament gegeben. Dieses kostet zwar bei der Beurkundung mehr, erspart dann aber gleich zwei Erbscheine in jedem künftigen Erbfall.

Der richtige Zeitpunkt für die Errichtung eines notariellen Testaments durch Ehegatten ist gekommen, wenn

- die endgültige Zahl der geborenen Kinder fest steht (da diese dann im Testament namentlich genannt werden können) und
- das Vermögen noch möglichst gering ist, also z.B. nach einem Hausbau oder Immobilienkauf noch möglichst hohe Schulden vorhanden sind.

Tritt dann – nach hoffentlich vielen weiteren Jahren – der Erbfall ein, wird in aller Regel kein Erbschein benötigt (der nun bei höherem Vermögen nach Schuldentilgung um ein Vielfaches teurer wäre) und es fällt nur die vergleichsweise geringe Gebühr für die Testamentseröffnung an. Da es sich bei Ehegatten um zwei spätere Erbfälle handelt, ist dieser Vorteil gleich doppelt gegeben.

Tipp

Erbvertrag: Nutzung des Mitteilungssystems ohne zusätzliche Kosten für die amtliche Verwahrung

Ehegatten können anstelle eines notariellen gemeinschaftlichen Testaments auch einen Erbvertrag beim Notar beurkunden lassen. In diesem sind sämtliche Regelungen genauso möglich wie in einem Testament. Das amtliche Mitteilungssystem greift auch in diesem Fall. Der Erbvertrag braucht aber nicht besonders amtlich verwahrt zu werden (sondern verbleibt bei den Urkunden des jeweiligen Notars) und die Gebühr für die besondere amtliche Verwahrung wird gespart.

1.8 Das Nottestament

Wenn keine notarielle Beurkundung möglich ist

Als außerordentliche Testamente werden verschiedene Nottestamente bezeichnet, die alle gemein haben, dass die sonst gültigen Formerfordernisse nicht gelten. Immer wenn die Gefahr besteht, dass der Erblasser früher stirbt als die Beurkundung beim Notar möglich ist, kann ein Testament auch als außerordentliches Testament errichtet werden. Diese Testamentsformen haben heute an Bedeutung verloren, da sie vor allem in Zeiten wichtig waren, in denen die Formvorschriften im Bürgerlichen Gesetzbuch (BGB) viel strenger gefasst waren als heute. Damals boten sie häufig die einzige Möglichkeit unkompliziert sein Testament machen zu können.

- Ein Bürgermeistertestament wird beim Bürgermeister und in Anwesenheit von drei Zeugen errichtet.
- Als echtes Nottestament kann ein Dreizeugentestament errichtet oder mündlich erklärt werden. Voraussetzung dafür ist allerdings nahe Todesgefahr.
- Das Seetestament kann an Bord eines Schiffes mündlich vor drei Zeugen errichtet werden.
- Darüber hinaus gibt es noch das Verfolgtentestament und das Militärtestament, deren Bedeutung allerdings nur noch verschwindend gering ist, weil die Situationen, in denen sie Anwendung fanden, heute zum Glück bei

uns kaum noch vorkommen. Alle außerordentlichen
Testamente bleiben nur drei Monate lang gültig. Wenn
der Erblasser erst nach Ablauf dieser Frist stirbt, gilt
das Testament nicht mehr.

Für die Testamentserrichtung eines Blinden gab es im Gesetz eine eigene Regelung. Danach konnte ein Blinder kein
eigenhändiges Testament machen, sondern musste ein
öffentliches Testament beim Notar errichten lassen. Für
die Testierung musste er zum Notar gehen und dort mündlich seinen Willen erklären. Der Notar fertigte über die
Erklärung eine Niederschrift an und beurkundete diese.

Verzicht auf Ausnahmeregelungen für Blinde und (Taub-)Stumme

Vor einem Zeugen oder einem zweiten Notar musste dann
noch einmal bezeugt werden, dass dieses Testament auch
den letzten Willen des Blinden enthält – diese Erklärung
musste schriftlich erfolgen und von dem Zeugen oder dem
zweiten Notar auf dem Testament durch Unterschrift be-
stätigt werden. Die Nichtbeachtung dieser Formvorschrift
führte dazu, dass das Testament nichtig war, es sei denn,
dass der Erblasser und alle anderen Beteiligten darauf
wirksam verzichtet hatten (und dies in der Urkunde ver-
merkt wurde). Nachdem heutzutage unmissverständliche
Blindenschriften existieren besitzt seit einer Gesetzesre-
form vor einigen Jahren auch das handschriftliche Testament eines Blinden Rechtsgültigkeit. Eine ähnlich diskri-
minierende Sonderregelung existierte auch für Stumme.
Da ein öffentliches Testament üblicherweise dadurch zustande kommt, dass dem Notar gegenüber mündlich erklärt
wird, wie die Erbregelungen aussehen soll und Stummen
eine mündliche Erklärung nicht möglich ist, sah das Gesetz eine eigene Regelung vor. Danach konnte ein Stum-
mer ein öffentliches Testament nur durch Übergabe eines
Schriftstücks an den Notar errichten und musste vor dem
Notar schreiben, dass die übergebene Schrift seinen letzten Willen enthalte. Auch diese Regelung existiert nicht
mehr. Ein Notar wird seit der Rechtsänderung bei einem
(Taub-)Stummen gegebenenfalls mit Hilfe eines Gebär-
densprache-Dolmetschers den Willen des Testierenden
erfassen und ein öffentliches Testament errichten.

1.9　Das Behindertentestament

Wenn ein Behinderter erben soll

Beim Behindertentestament geht es nicht, wie der etwas unglückliche Name vermuten lassen könnte, um ein Testament eines Behinderten. Es geht vielmehr um die Regelung der Erbfolge zu Gunsten eines Behinderten. Wenn z.b. das Kind auf Grund einer geerbten oder erworbenen Behinderung niemals in der Lage sein wird, für sich selbst zu sorgen, besteht in einem solchen Fall das Risiko, dass das Erbe des behinderten Kindes im Wege des Regresses des Sozialhilfeträges aufgezehrt wird. Denn dann kann der Sozialhilfeträger sich die von ihm für das Kind erbrachten Zahlungen aus dem Erbe zurück holen. In einem Behindertentestament wird insbesondere mittels Nacherbfolge und Testamentsvollstreckung versucht, den auf das Kind entfallenden Erbteil diesem selbst oder nach seinem Tod der Familie zu erhalten, ohne dass ein Zugriff des Sozialhilfeträgers möglich ist.

Tipp

Beratung ist wichtig

Ich empfehle, sich in einem solchen Fall unbedingt rechtzeitig kompetenter Hilfe zu versichern. Es kann die Möglichkeit erwogen werden, das behinderte Kind beim Tod des erstversterbenden Ehepartners als »nicht befreiten Vorerben« einzusetzen. Bei einer solchen Konstellation dürfte das behinderte Kind den Nachlass nicht verwerten. Dementsprechend hätte auch der Sozialhilfeträger nicht ohne weiteres Zugriff auf den Nachlass. Ein Grundstück oder ein Haus dürfte beispielsweise genutzt werden, ohne dass der Sozialhilfeträger auf der Veräußerung oder anderweitigen wirtschaftlichen Verwertung bestehen könnte. In einem solchen Fall muss man sich allerdings Gedanken darüber machen, wer als Nacherbe eingesetzt wird. In Frage kommen hier Verwandte oder auch gemeinnützige Organisationen bzw. der Sozialhilfeträger.

1.10　Die Ersatzerbschaft

Eine Erbeinsetzung ist auf die Zukunft gerichtet und beinhaltet daher das Risiko, dass ein eingesetzter Erbe zum Zeitpunkt des Erbfalls nicht mehr lebt. Für Sie als Erblasser stellt sich die Frage, wie Sie sich gegen den Ausfall

eines oder mehrer von Ihnen eingesetzten Erben absichern
können. Eine Möglichkeit besteht darin, einen Ersatzerben
zu benennen. Ohne eine Ersatzerbenbestellung würden an
Stelle des verstorbenen Erben dessen Abkömmlinge erben. Durch die Benennung von Ersatzerben werden die
Abkömmlinge des ausgefallenen Erben ausgeschlossen.

**Absicherung
durch Benen-
nung eines
Ersatzerben**

1.11 Das Teilungsverbot

Wie ausgeführt, kann der Erblasser bestimmen, an welchen Erben welche Nachlassgegenstände bei der Nachlassteilung fallen sollen. Genau das Gegenteil einer solchen
Teilungsanordnung ist ein Teilungsverbot. Der Erblasser
hat das Recht, im Testament ein Teilungsverbot auszuspre-
chen. Für die Dauer von bis zu 30 Jahren nach dem Erbfall
kann die Aufteilung des Nachlasses unter den Miterben
ausgeschlossen werden. Dies kann geschehen, um ein Fa-
milienvermögen zusammen zu halten, aber auch, um den
Kindern des Erblassers das Vermögen bis zu Volljährigkeit zu erhalten. Eine einvernehmliche Teilung des Nachlasses durch alle Miterben gemeinsam bleibt aber trotz des
Verbots möglich – ausgeschlossen sind nur die Rechte der
einzelnen Erben, die Teilung gegen den Willen der anderen durchzusetzen.

1.12 Gesetzliche Vermächtnisse

Der Gesetzgeber hat einige so genannte gesetzliche Vermächtnisse vorgesehen. Dabei handelt es sich um den
Voraus des Ehegatten, der auf die Haushaltsgegenstände
und z.B. auch den Zweitwagen gerichtet ist. Diesen Voraus erhält der Ehepartner – ohne mit den anderen Erben
teilen zu müssen und ohne Anrechnung auf seinen Erbteil – allerdings nur, wenn der Ehepartner nichts Anderes
im Testament bestimmt hat. Auch der Voraus kann testamentarisch ausgeschlossen werden. Sobald ein Testament
gemacht wird, in dem dem Ehepartner der Voraus auf
jeden Fall erhalten bleiben soll, wäre das im Testament
zu erwähnen. Es besteht aber auch die Möglichkeit, dem

**Der Ehe-
partner kann
bestimmte
Gegenstände
im Voraus
erben**

Ehepartner den Voraus als Vorausvermächtnis (vgl. S. 85) zukommen zu lassen.

1.13 Die Bedeutung einer Testamentsvollstreckung

Die Aufgabe eines Testamentsvollstreckers besteht darin, den Willen des Erblassers nach dessen Tod zu vertreten. Ein Testamentsvollstrecker erscheint immer dann sinnvoll, wenn die Durchsetzung des Willens des Verstorbenen ohne Testamentsvollstrecker möglicherweise gefährdet wäre. Ein Testamentsvollstrecker wird beispielsweise häufig dann eingesetzt, wenn die Erben noch jung und im Wirtschaftsleben unerfahren sind und in den ersten Jahren bei der Vermögensverwaltung Hilfe durch einen erfahrenen Beistand benötigen.

Testaments-
vollstreckung
nur bei
großen
Nachlässen
lohnend

Eine Testamentsvollstreckung dürfte in der Regel nur bei großen und unübersichtlichen Nachlässen notwendig sein. Bei kleineren Vermögen lohnt sich die Einsetzung eines Testamentsvollstreckers meistens nicht.

Der Testamentsvollstrecker wird den Ablauf der Auseinandersetzung des Nachlasses (Zusammenstellung, Verwaltung, Teilung) die Zusammenstellung der Verzeichnisse, die Verwaltung und letztendlich die Teilung überwachen. In der Regel wird er auch als eine Art Schiedsrichter zwischen den Erben auftreten, wenn es Streit bei der Verteilung des Nachlasses gibt. Gleichzeitig muss der Testamentsvollstrecker auch noch zwischen den Erben und den Nachlassgläubigern vermitteln. Darüber hinaus kann der Erblasser dem Testamentsvollstrecker auch andere Aufgaben zuweisen und z.B. anordnen, dass er über die Erfüllung der im Testament vorgenommenen Auflagen wacht.

Wann die Einsetzung eines Testamentsvollstreckers Sinn macht:

- bei vielen Erben,
- bei vielen Vermächtnissen,
- bei komplexen Nachlässen,
- zur Unterstützung des verbliebenen Ehepartners,

- bei kranken Erben,
- bei minderjährigen oder unerfahrenen Erben.

Es gibt Fälle, in denen die Bestimmung eines Testamentsvollstreckers viele Probleme lösen kann, denn er kann als Treuhänder des Verstorbenen dessen Interessen vertreten. Faktisch wird er bei Streitigkeiten vermitteln und gegebenenfalls die Interessen minderjähriger Erben schützen und den Nachlass verwalten, bis diese volljährig sind. Allerdings ist nicht für jede Nachlassregelung ein Testamentsvollstrecker erforderlich.

Vermittlung bei Streitigkeiten

Zum Testamentsvollstrecker kann jede geschäftsfähige Person berufen werden, also jeder über 18 Jahre. In den meisten Fällen wird der Erblasser durch Verfügung von Todes wegen eine Person seines Vertrauens als Testamentsvollstrecker bestimmen. Der Erblasser kann jedoch auch in seinem Testament jemand anderen – regelmäßig das Nachlassgericht – ersuchen, einen geeigneten Testamentsvollstrecker zu ernennen. Dies empfiehlt sich insbesondere dann, wenn der Erblasser noch rüstig ist und bis zum Erbfall noch viele Jahre vergehen werden, in welchen ein in Aussicht genommener Testamentsvollstrecker auch nicht jünger wird. Auf Antrag erhält der Testamentsvollstrecker vom Nachlassgericht eine Bestätigung über seine Bestellung, das so genannte Testamentsvollstreckerzeugnis. Unter Vorlage dieses Zeugnisses ist der Testamentsvollstrecker berechtigt über den Nachlass zu verfügen (insbesondere über die Bankguthaben).

Tipp

Nachlassgericht mit der Suche nach einem Testamentsvollstrecker beauftragen

Die Aufgabe des Testamentsvollstreckers ist nicht einfach. Die Auswahl eines Testamentsvollstreckers muss daher sorgfältig geschehen. Diese Person befindet sich während der Nachlassabwicklung unter Umständen mitten in einem spannungsgeladenen Umfeld. Sehr verschiedene Menschen wollen etwas vom Testamentsvollstrecker: Zum Beispiel verlangen die Erben ihren Erbteil, die Vermächtnisnehmer fordern ihr Geld und die ihnen zugewiesenen Gegenstände, die Pflichtteilsberechtigten und die Gläubiger machen ihre Ansprüche geltend und die Erbschaftsteuer der im Testament Bedachten muss bezahlt werden, wofür der Testamentsvollstrecker auch persönlich haftet. Ein Testamentsvollstrecker braucht also Überblick, eine gute Gesundheit und Nerven wie Drahtseile. Interessanterweise sind deshalb Insolvenzverwalter, die diese Eigenschaften regelmäßig mitbringen, immer wieder einmal als Testamentsvollstrecker tätig.

Tipp

Regelung des Honorars im Testament

Im Gesetz ist ein Honorar des Testamentsvollstreckers nicht genau beziffert. Der Gesetzgeber spricht nur von einem »angemessenen Honorar«. Wünschenswert ist es, wenn der Verstorbene die Honorarfrage bereits im Testament geregelt hat, damit es darüber nach dem Tod keinen Streit geben kann. Dazu gehört natürlich auch, dass die Höhe des Honorars auch mit dem zukünftigen Testamentsvollstrecker rechtzeitig besprochen wurde.

Üblich ist für Nachlasswerte bis 50.000 Euro ein Honorar von etwa drei Prozent des Nachlasswertes. Wenn ein Nachlass in die Millionen geht, kann der Prozentsatz niedriger ausfallen (1 bis 2,5 Prozent). Das Gesetz räumt dem Testamentsvollstrecker weitgehende Befugnisse ein. So darf der Testamentsvollstrecker zur Wahrnehmung seiner Aufgaben sogar Grundstücke, die zum Nachlass gehören, veräußern.

Tipp

Entlassung bei grober Pflichtverletzung oder Unfähigkeit

Für die Erben bringt ein Testamentsvollstrecker in der Regel eine Erleichterung, die freilich aus dem Nachlass zu bezahlen ist. Es kann jedoch auch vorkommen, dass ein Testamentsvollstrecker Schwierigkeiten macht. Das hängt damit zusammen, dass nur die Erben selbst den Testamentsvollstrecker kontrollieren können. Der Testamentsvollstrecker untersteht nicht der Aufsicht des Nachlassgerichts. Beim Nachlassgericht kann nur von einem der Beteiligten der Antrag gestellt werden, den Testamentsvollstrecker zu entlassen. Dann wird das Nachlassgericht prüfen, ob ein »wichtiger Grund« für eine Entlassung vorliegt. Ein wichtiger Grund liegt nur dann vor, wenn dem Testamentsvollstrecker eine grobe Pflichtverletzung vorzuwerfen ist oder Unfähigkeit vorliegt. Bevor die Entlassung des Testamentsvollstreckers beantragt wird, sollten die Antragsteller wegen der Brisanz dieses Schrittes unbedingt den Rat eines sachkundigen Anwalts einholen.

1.14 Vor- und Nacherbschaft

Vor- und Nacherbschaft sind ein Instrument, deren praktische Bedeutung im Verhältnis zu den damit verbundenen Problemen und den relativ geringen Vorteilen auch heute noch überraschend hoch ist. Dies rührt häufig daher, dass der Begriff des »Vorerben« in privatschriftlichen, ohne juristische Beratung verfassten Testamenten vom Erblasser unbedacht und ohne Kenntnis der Konsequenzen für den Vorerben verwendet wird.

Große Vorteile

Mit der Bestimmung eines Vorerben und eines Nacherben erfolgt ein Übergang des Nachlasses über mehrere Stufen. Wenn der Erblasser Vor- und Nacherbschaft anordnet, dann erbt zuerst der Vorerbe und erst bei dessen Tod, dem so genannten Nacherbfall der Nacherbe. Sowohl der Vor- als auch der Nacherbe erben von demselben Erblasser. Der Vorerbe tritt sein Erbe sozusagen als »Platzhalter« an. Die Regelung einer Vor- oder Nacherbschaft kann in bestimmten Fällen helfen, den Willen des Erblassers durchzusetzen, z.B., wenn die Erben noch zu jung sind, um den Nachlass verwalten zu können. Wenn der Nachlass erst einmal in der Verwaltung des Vorerben verbleiben soll, kann eine Vor- und Nacherbschaftsregelung helfen. Bei der Bestimmung des Nacherbfalls ist der Erblasser relativ frei. Dieser Zeitpunkt kann der Tod des Vorerben sein. Es kann aber auch bestimmt werden, dass der Zeitpunkt der Volljährigkeit bei minderjährigen Kindern als Nacherben als Zeitpunkt für den Nacherbfall gelten soll.

Tipp

Vor- oder Nacherbschaft unterstützt den Willen des Erblassers

Der Vorerbe, häufig der Ehepartner, hat dann auch die Aufgabe, den Nachlass für die Nacherben, die Kinder, bis zum Nacherbfall zu verwalten und zu erhalten. Der Vorerbe darf ohne andere Bestimmungen über den Nachlass nicht unbeschränkt verfügen, denn ihm steht das Erbvermögen nur vorübergehend zu. Gehört zum Nachlass beispielsweise ein Unternehmen, dann darf der Vorerbe die Unternehmensgewinne für sich behalten und verbrauchen,

Eingeschränkte Rechte des Vorerben

als würden diese ihm gehören. Allerdings darf er das Unternehmen oder das Grundstück, auf dem die Fabrik steht, nicht veräußern. Er muss solange Eigentümer des Unternehmens und des Grundstücks bleiben, bis der Nacherbe sein Erbe antritt. Der Nacherbe wird dann unbelasteter Eigentümer und könnte das Erbe oder Teile davon auch veräußern. Gleiches gilt natürlich auch für andere Grundstücke und Häuser usw. Der Erblasser kann den Vorerben von einigen gesetzlichen Beschränkungen und Verpflichtungen befreien (befreiter Vorerbe). Damit kann er dem Vorerben im obigen Beispiel z.B. ermöglichen, auch das Grundstück, auf dem die Fabrik steht, zu verkaufen.

Der Nacherbfall ist ausgeschlossen, wenn der Vorerbe den Erblasser länger als 30 Jahre überlebt, ohne dass der Nacherbfall eingetreten ist. Der Nacherbe verliert dann seine Stellung als Nacherbe und alle seine Rechte auf den Nachlass.

Achtung: Einschränkung des Ehegatten durch Nacherbschaft

Im Normalfall, wenn wie häufig bei Ehegatten nur geregelt werden soll, wer das Erbe erhalten soll, wenn irgendwann beide Erblasser gestorben sind, kann vor der Vor- und Nacherbschaft nur gewarnt werden. Der überlebende Ehegatte wäre dann in seinen Möglichkeiten sehr eingeschränkt, da er bei wichtigen Geschäften (insbesondere über Grundstücke) auf die Zustimmung der Nacherben angewiesen ist und ohne diese z.B. auch keine Schenkungen mehr tätigen kann.

Probleme bei Minderjährigen

Weitere Probleme gibt es, wenn die Nacherben minderjährig oder namentlich nicht bekannt sind, da dann noch das Familien- bzw. Vormundschaftsgericht eingeschaltet werden muss. Zudem müssen bei der Vor- und Nacherbschaft das ererbte Vermögen und das eigene Vermögen des Vorerben (das ja keinen Beschränkungen unterliegt) streng getrennt werden.

1.15 Mustertexte für eigenhändige Testamente

Der Erblasser muss nicht unbedingt zum Notar, um ein Testament machen zukönnen. Ein so genanntes eigenhändiges Testament kann notfalls auch zu Hause am Küchentisch gemacht werden. Für den Fall, dass der Erblasser Sie um Rat fragt, finden Sie in diesem Kapitel Formulierungen, mit denen der Letzte Wille eindeutig beschrieben werden kann. Das Testament muss in jedem Fall vom Erblasser eigenhändig geschrieben werden, sonst ist es unwirksam. Unter die Verfügungen gehört die Unterschrift, unbedingt noch mit Datums- und Ortsangabe. In den unten abgedruckten Testamentsentwürfen finden sich Lücken, in die die Namen von Erben, Daten oder Gegenstände eingesetzt werden müssen. Die Entwürfe decken nur die typischen Interessenlagen ab; bei individuellen Regelungen muss man sich um eine eindeutige und präzise Formulierung bemühen. Ungenauigkeiten und Widersprüche, die im Erbfall zu Auslegungen zwingen, die ein unerwünschtes Ergebnis bringen könnten, müssen vermieden werden. Im Zweifel hilft ein Anwalt oder ein Notar.

Die Form des Testaments muss stimmen

Beispiel: Der Erblasser will ein Testament machen und über den Nachlass vollständig verfügen.

Mein letzter Wille:

Ich möchte, dass nach meinem Tod mein Nachbar Fritz Wilhelm Erbe meines gesamten Vermögens wird.

‒‒‒‒‒

(Ort), (Datum)

‒‒‒‒‒

(Unterschrift)

Vollständige Vererbung durch das Testament

Beispiel: Der Erblasser will im Testament nur über einen Teil verfügen (hier als Beispiel die Hälfte). Für den Rest wünscht er die gesetzliche Erbfolge.

50 Prozent Vererbung durch gesetzliche Erbfolge

> **Mein Testament:**
>
> *Ich bestimme hiermit, dass mein Nachbar Fritz Wilhelm zur Hälfte mein Erbe wird. Die anderen Erben sollen sich die andere Hälfte zu ihren gesetzlichen Erbquoten teilen.*
>
> ‒‒‒‒‒
> *(Ort), (Datum)*
>
> ‒‒‒‒‒
> *(Unterschrift)*

Beispiel: Der Erblasser will, dass alle gesetzlichen Erben genau gleich viel bekommen.

Gleiche Berücksichtigung der gesetzlichen Erben

> **Mein letzter Wille:**
>
> *Ich möchte, dass sich keiner meiner gesetzlichen Erben nach meinem Tod vernachlässigt fühlt. Und aus diesem Grund bestimme ich, dass jeder meiner gesetzlichen Erben genau gleich viel bekommt.*
>
> ‒‒‒‒‒
> *(Ort), (Datum)*
>
> ‒‒‒‒‒
> *(Unterschrift)*

Beispiel: Der Erblasser möchte für den Fall, dass derjenige, der als Erbe vorgesehen ist, nicht erben kann oder will, einen Ersatzerben bestimmen (Ersatzerbschaft).

> **Mein letzter Wille:**
>
> *Mein Erbe soll der/die (_____) werden. Wenn dieser Erbe nicht Erbe wird, dann möchte ich, dass an seiner Stelle der/die (_____) das Erbe antritt. Wenn auch dieser nicht erbt, dann soll alles der Malteser-Hilfsdienst der Stadt A bekommen.*
>
> _____
>
> *(Ort), (Datum)*
>
> _____
>
> *(Unterschrift)*

Bestimmung eines Ersatzerben

Beispiel: Der Erblasser will jemandem etwas zukommen lassen (hier z.B. als Dank für Hilfe bei der Gartenarbeit), ohne dass er Erbe werden soll (Vermächtnis).

> **Mein Testament:**
>
> *Meine Erben sollen sein (_____). Der/die (_____) soll nicht Erbe werden.*
>
> _____
>
> *(Ort), (Datum)*
>
> _____
>
> *(Unterschrift)*

Bestimmung eines Vermächtnisnehmers

Beispiel: Der Erblasser will jetzt schon regeln, wie bestimmte Gegenstände unter den Erben verteilt werden sollen, damit es darüber keinen Streit gibt (Teilungsanordnung). Leider kommt es bei Teilungsanordnungen, bei denen die Gegenstände den Wert des Erbanteils übersteigen, oft zu Problemen. In solchen Fällen wäre es sicherlich besser gewesen, wenn der Erblasser den Erben die Nachlassauseinandersetzung allein überlassen hätte. Diese Probleme gibt es allerdings dann nicht, wenn eine Formulierung wie die folgende aufgenommen wurde:

**Teilungs-
anordnung**

Mein Testament:

*Meine Erben zu gleichen Teilen sollen sein: (_____).
Weil ich Streit vermeiden möchte, will ich jetzt schon
bestimmen, dass meine Erbin (_____) mein (_____)
bekommt. Mein Erbe (_____) soll (_____) bekommen. Erhält durch meine Teilungsanordnung einer
meiner Erben mehr, als seinem Erbteil entspricht, so
hat er bei der Auseinandersetzung diesen Mehrwert
den anderen Erben im Verhältnis ihrer Erbteile zu
erstatten.*

_____

(Ort), (Datum)

_____

(Unterschrift)

Hier ist aber zu bedenken, dass es zu großem Streit über
die Wertermittlung kommen kann. In solchen Fällen sollte
auch die Bewertung der Gegenstände vorgegeben werden
– bei Grundstücken regelmäßig der Gutachterausschuss.

Beispiel: Der Erblasser will, dass einer der Erben etwas
bekommt, was er sich nicht auf seinen Erbteil anrechnen
lassen muss. Hier dient als Beispiel ein Wertgegenstand
(Vorausvermächtnis, mehr dazu auf S. 85).

**Vorausver-
mächtnis**

Mein Testament:

*Meine Erben sollen werden: (_____). Und mein Erbe
(_____) soll darüber hinaus das Familienerbstück
(_____) bekommen, ohne dass er sich das auf seinen
Erbteil anrechnen lassen muss.*

_____

(Ort), (Datum)

_____

(Unterschrift)

Beispiel: Die Erben (hier im Beispiel die Enkel) sind zum Zeitpunkt der Testamentserrichtung noch sehr jung. Der Erblasser will, dass zuerst jemand anders (hier im Beispiel die Tochter des Erblassers) für den Nachlass zuständig sein soll. Diese Person soll den Nachlass verwalten und die Früchte des Nachlasses behalten, aber sie soll auf keinen Fall den Anspruch der Nacherben gefährden können. Später sollen dann die jungen Erben (die Enkelkinder) den Nachlass bekommen.

Mein Testament:

Meine Enkelkinder sollen meine Erben werden. Dabei soll meine Tochter als Vermächtnis den gesamten Nachlass erhalten. Sie wird dabei auch bis zur Vollendung des 18. Lebensjahres durch das jüngste Enkelkind als Testamentsvollstreckerin eingesetzt.

‒ ‒ ‒ ‒ ‒

(Ort), (Datum)

‒ ‒ ‒ ‒ ‒

(Unterschrift)

Verwaltung des Nachlasses durch den Vermächtnisnehmer

Beispiel zum Thema Testamentsvollstreckung: Der Erblasser befürchtet, dass sich die Erben streiten könnten. Deshalb will er jemanden als Testamentsvollstrecker einsetzen, der als Schiedsrichter den Streit schlichten und vielleicht sogar verhindern können soll (Testamentsvollstreckung).

Bestimmung des Testamentsvollstreckers

> **Mein Testament:**
>
> *Meine Erben sollen werden: (_____). Hiermit bestimme ich den/die (_____) zu meinem Testamentsvollstrecker, ersatzweise den/die (_____). Er soll die Nachlassabwicklung durchführen und bei Streitigkeiten alleine entscheiden können. Die Vollstreckung soll mit der Teilung beendet sein. Der Testamentsvollstrecker soll für seine Tätigkeiten ein Pauschalhonorar von drei Prozent des Nachlasswertes bekommen. Das Honorar soll fällig sein mit Beendigung der Vollstreckung.*
>
> _____
>
> *(Ort), (Datum)*
>
> _____
>
> *(Unterschrift)*

Tipp

Gleich das Honorar des Testamentvollstreckers festsetzen

Als Testamentsvollstrecker sollten Sie eine kompetente Person Ihres Vertrauens bestimmen und gleich auch die Honorarfrage klären, damit es später nicht zu Streit kommt.

Beispiel: Der Erblasser will mit seinem Ehepartner zusammen ein Testament machen. In diesem Fall wollen sich die Eheleute gegenseitig als Erben einsetzen und gleichzeitig jetzt schon regeln, wer nach Ihnen erben wird.

Gegenseitige Einsetzung als Erbe

> **Unser gemeinsamer letzter Wille:**
>
> *Hiermit setzen wir uns gegenseitig zu alleinigen Erben ein. Erbe des zuletzt Versterbenden soll unser Kind (_____) werden.*
>
> _____   _____
>
> *(Ort), (Datum)   (Unterschrift Ehegatte Nr. 1)*
>
> _____   _____
>
> *(Ort), (Datum)   (Unterschrift Ehegatte Nr. 2)*

Beispiel: Der Erblasser ist geschieden und die Kinder leben bei ehemaligen Ehepartner. Der Erblasser will nicht, dass die Kinder erben.

Mein Testament:

Mein Erbe soll sein (_____). Meine Kinder (_____), die ich gemeinsam mit meiner Exfrau habe, enterbe ich hiermit. Sie sollen nur den Pflichtteil erhalten.

_____

(Ort), (Datum)

_____

(Unterschrift)

Enterbung

1.16 Die Ersatz-Nacherbschaft

Ein Ersatz-Nacherbe kann eingesetzt werden, wenn bei einer Vor- und Nacherbschaftsregelung ein Ersatzerbe für den Nacherben eingesetzt werden soll. Ein solcher Ersatz-Nacherbe macht dann Sinn, wenn die Abkömmlinge des Nacherben nicht erben sollen.

Der Ersatz-Nacherbe oder wenn die Kinder des Nacherben nicht erben sollen

---

Beispiel

Eheleute bestimmen den überlebenden Ehepartner als Vorerben und die gemeinsame Tochter als Nacherben. Die Enkelkinder sollen jedoch nicht an Stelle der Tochter Erben werden, wenn die Tochter vor dem Eintritt des Nacherbfalls stirbt. Für einem solchen Fall kann ein Ersatz-Nacherbe eingesetzt werden, der an Stelle der Tochter Erbe werden soll.

1.17 Vermächtnis

Wie bereits dargestellt, wird durch eine Erbeinsetzung erreicht, dass der Erbe rechtlich an Stelle des Verstorbenen tritt (vgl. S. 43). Anders als ein Erbe wird ein Vermächtnisnehmer nicht Träger von allen Rechten und Pflichten

Der Vermächtnisnehmer erhält nur materielle Zuwendungen, keine Rechte und Pflichten

Die Erben müssen den Anspruch des Vermächtnisnehmers erfüllen

Vermögensgegenstände für den Vermächtnisnehmer genau bestimmen

(Gesamtrechtsnachfolge). Das ist häufig gewünscht, insbesondere, wenn eine bestimmte Person nach dem Wunsch des Erblassers nicht Mitglied der Erbengemeinschaft wird, aber einzelne Vermögenswerte aus dem Nachlass zugewendet erhalten soll. Eine solche Zuwendung einzelner Vermögensgegenstände, ohne dass der Begünstigte Erbe wird, ist durch ein Vermächtnis möglich. Durch Vermächtnis erhält der Begünstigte (Vermächtnisnehmer) vom Erblasser durch Einsetzung im Testament einzelne Gegenstände aus dem Nachlass oder eine bestimmte Geldsumme zugewendet. Der Anspruch aus dem Vermächtnis richtet sich gegen die Erben, die das Vermächtnis erfüllen müssen Der Vermächtnisnehmer wird kein Erbe, gehört also nicht zur Erbengemeinschaft. Durch eine Vermächtniseinsetzung kann also beispielsweise verhindert werden, dass Personen, bei denen der Erblasser ein gewisses Konfliktpotential sieht, sich möglicherweise jahrelang in einer Erbengemeinschaft miteinander arrangieren müssen. Eine Vermächtniseinsetzung kann auch Personen, die nicht gesetzliche Erben wären, begünstigen. Ein ganz wichtiger Aspekt bei der Anordnung eines Vermächtnisses ist darin zu sehen, dass nur durch ein Vermächtnis einzelne Vermögensgegenstände zugewendet werden können. Oft liegt es besonders im Interesse des Erblassers, hinsichtlich bestimmter Vermögensgegenstände genau zu klären, welche Person diese später einmal erhalten soll. Aus diesem Grunde kann es durchaus auch einmal sinnvoll sein, bei mehreren Erben einem der Erben ein Vermächtnis zuzuwenden, wenn gewährleistet werden soll, dass dieser Vermögensgegenstand einem bestimmten Erben zukommen soll. Lesen Sie in diesem Zusammenhang mehr zum »Vorausvermächtnis« auf S. 85.

Beispiel: Ein Testament mit einer Erbeinsetzung (»meine Kinder aus zweiter Ehe«) und zusätzlich einem Vermächtnis (»meine Tochter aus erster Ehe«) kann etwa so aussehen:

> **Mein Testament:**
>
> *Meine Erben sollen meine Kinder aus zweiter Ehe sein und meine Tochter aus erster Ehe soll nur mein Wochenendhaus in Buxtehude erhalten.*
>
> ‾‾‾‾‾
> *(Ort), (Datum)*
>
> ‾‾‾‾‾
> *(Unterschrift)*

Vermächtnis für die Tocher aus 1. Ehe

In dem obigen Beispiel werden die Erben mit dem Erbfall zunächst auch Eigentümer des Wochenendhauses. Die Vermächtnisnehmerin (in diesem Fall die Tochter aus erster Ehe) kann dann von den Erben die Übertragung des Eigentums am Wochenendhaus beanspruchen.

1.18 Der Ersatzvermächtnisnehmer

Auch ein Vermächtnisnehmer kann vor dem Erbfall sterben und der Erblasser sollte sich die Frage stellen, was dann mit dem Vermächtnis geschehen soll. Wenn der Erblasser es für möglich hält, dass der zunächst Bedachte wegfällt (also z.B., weil er vorher stirbt oder ausschlägt), kann er anordnen, wer an dessen Stelle den Gegenstand erhalten soll. Dies ist dann die Bestimmung eines Ersatzvermächtnisnehmers.

Bestimmung eines Ersatzvermächtnisnehmers

1.19 Das Gattungsvermächtnis

Es kommt vor, dass sich ein Erblasser im Testament im Zusammenhang mit der Zuwendung eines Vermächtnisses ungenau ausdrückt. Die möglichen Ursachen für eine solche missverständliche Äußerung sind mannigfaltig. Es geschieht z.B. wenn der Erblasser sich zwischen verschiedenen Alternativen nicht entscheiden konnte oder wenn er gar nicht erkannte, dass die von ihm gewählte Formulierung mehrere Auslegungen ermöglichte. Tatsächlich ist es gar nicht so selten, dass auf diesem Wege beispielsweise ein Großvater seinem Enkelsohn im Wege

Missverständnisse sind möglich

eines Vermächtnisses »ein neues Auto« zuwendet. Dass dann Schwierigkeiten entstehen werden, weil die Erben wahrscheinlich unter einem neuen Auto etwas Anderes verstehen als der Vermächtnisnehmer, muss nicht weiter erläutert werden.

Oder wenn beispielsweise im Zusammenhang mit einer Vermächtniseinsetzung der Erblasser »von meinem Bargeld ein Drittel« zuwenden möchte und sich zwar etwas Geld in der Nachttischschublade fand, erheblich mehr Geld sich aber auf dem Girokonto befand. Wenn sich dann auch noch herausstellt, dass von dem Guthaben auf dem Girokonto Anteile an Aktienfonds gekauft wurden, ist der Streit um diese Vermögenswerte vorprogrammiert. Denn die Erben werden die Kontoguthaben gegenüber dem Vermächtnisnehmer wohl nur ungern auch als »Bargeld« ansehen.

Es ist nicht so schwierig, sich vorzustellen, dass es in Folge dieser unbestimmten Formulierung zu Streit kommen kann.

§

Bei missverständlichen Formulierungen entspricht der Vermächtnisgegenstand dem Lebensstandard des Bedachten

Der Gesetzgeber hat für solche Fälle vorgesorgt. Wenn der Erblasser ein Vermächtnis nur der Gattung nach bestimmt hat, bringt ein solches Gattungsvermächtnis für die Erben die Verpflichtung mit sich, als Vermächtnis eine Sache zu leisten, die den Vermögensverhältnissen des Bedachten entspricht. Um bei dem gewählten Beispiel zu bleiben, würde ein Student von der Erbengemeinschaft ein Auto im Werte eines VW Polos beanspruchen können, ein verbeamteter Lehrer eine Mittelklassewagen wie beispielsweise einen VW Golf und ein Zahnarzt einen Porsche. Natürlich wäre es in einem solchen Fall besser, wenn der Erblasser Vorsorge getroffen und das Vermächtnis so genau bestimmt hätte, dass nicht unterschiedlichen Auslegungen Tür und Tor geöffnet wären. Die Bibliotheken in den juristischen Fakultäten sind gefüllt mit eine Vielzahl von Gerichtsurteilen, die eben zum Teil auch von den Entscheidungsschwierigkeiten der Erblasser zeugen. Nur exemplarisch sei darauf hingewiesen, dass es durchaus vorkommt, dass ein Erblasser im Wege eines Vermächtnisses anordnet, dass der Vermächtnisnehmer »eines meiner Baugrundstücke« bekommen soll. Wenn dann im Einzelfall nicht bestimmt wird, wer die Auswahl zu treffen hat und wenn es keine Anhaltspunkte für den Willen des Erblassers gibt, wird in der Regel der Erbe berechtigt sein, das Grundstück zu bestimmen, welches dem Vermächtnisnehmer zugewendet werden soll. Es gehört nicht viel Fantasie dazu, um sich vorstellen zu können, dass durch unbestimmte oder missverständliche Vermächtnisse ähnlich wie bei problematischen Erbeinsetzungen Streit verursacht werden kann.

1.20 Auflagen im Testament

Der Gesetzgeber hat dem Erblasser eine sehr weitgehende Willens- und Entscheidungsfreiheit eingeräumt. Der Erblasser darf seinen Erben im Testament sogar Auflagen machen. Eine Auflage in einem Testament ist die Verpflichtung eines im Testament Begünstigten zu einer Leistung, ohne dass ein anderer einen Anspruch auf diese Leistung hat.

Das bedeutet, dass der Begünstigte keine rechtlichen Möglichkeiten hat, die Erfüllung der Auflagen durchzusetzen. Verlangt werden kann die Vollziehung der Auflage nur vom Erben oder Miterben. Anders als bei einem Vermächtnis kann bei einer Auflage der Begünstigte nicht vor Gericht gehen, um zu seinem Recht zu kommen, da er keinen selbstständig einklagbaren Anspruch hat.

Auflagen dürfen nur von Erben oder Miterben eingeklagt werden

Ein typisches Beispiel für eine Auflage ist die Bestimmung des Erblassers, wie er sich die Gestaltung seines Begräbnisses vorstellt oder der Wunsch, bestimmte Nachlassgegenstände in der Familie zu behalten und die Veräußerung zu untersagen. Weitere typische Auflagen sind beispielsweise der Wunsch des Erblassers, dass die Erben Spenden »an Bedürftige« leisten sollen oder die Bestimmung, wer für die Grabpflege zuständig sein soll. Nicht alle Auflagen entfalten überhaupt eine rechtliche Wirkung. So sind manche Auflagen schlicht und einfach unwirksam.

Beispiele für Auflagen

Der Begriff der Sittenwidrigkeit

Unwirksam sind auch Auflagen, die gegen die guten Sitten verstoßen oder die unmöglich oder angefochten worden sind. Der Begriff der guten Sitten ist vom Gesetzgeber bereits vor deutlich länger als einhundert Jahren geschaffen worden. Ähnlich alt ist die Definition, die üblicherweise vor Gericht verwendet wird, um den Begriff der guten Sitten zu veranschaulichen. Danach steht bei der Prüfung, ob eine Auflage sittenwidrig ist, das »Anstandsgefühl aller billig und gerecht Denkenden« im Mittelpunkt. Diese Formulierung mag etwas »angestaubt« klingen. Die dahinter stehende Bedeutung ist es nicht. Denn es handelt sich beim Anstandsgefühl um ein sich ständig veränderndes und dem Lauf der Zeit und dem Zeitgeist sich anpassende Größe.

Beispiele für unwirksame Auflagen

Sittenwidrig ist beispielsweise die Erbeinsetzung der eigenen Tochter als Alleinerbin unter der Auflage, dass diese nicht heiraten darf. Durch eine solche Auflage würde die Tochter in ihrer Entscheidungsfreiheit unzulässig beeinträchtigt werden. Die Folge wäre nicht die Unwirksamkeit der Erbeinsetzung, wohl aber der Auflage. Auch eine Zuwendung an eine bedachte Person wird nicht unbedingt unwirksam, sondern nur dann, wenn anzunehmen ist, dass der Erblasser die Zuwendung ohne die Auflage nicht gemacht haben würde. Unwirksam – weil sittenwidrig – sind Auflagen, deren Einhaltung zu strafbaren Handlungen führen würde. Die Auflage, dass die Zuwendung erst dann beansprucht werden kann, wenn vorher der Nachbar verprügelt wird, ist natürlich unwirksam.

Tipp

Sachverständigen fragen

Wenn eine Auflage unwirksam ist, wird normalerweise nicht das gesamte Testament unwirksam. Sollte ein Testament so angelegt sein, dass es die Erben wenig zufrieden stellt und gleichzeitig eine Auflage enthalten sein, die möglicherweise unwirksam ist, dann empfiehlt sich unter Umständen auch für den Erben, sachverständigen Rat einzuholen.

Wer kontrolliert aber, ob die Auflagen auch befolgt werden? Wenn andere Erben vorhanden sind, können diese verlangen, dass ein Erbe auch seine Auflagen erfüllt. Sind Sie Alleinerbe und wurde keine Testamentsvollstreckung bestimmt, dann gibt es niemanden, der von Ihnen (rechtlich) die Erfüllung der Auflagen verlangen kann.

Es kann Probleme geben, wenn der Erblasser sich z.B. Auflagen einfallen lässt wie die folgende:

Mein Testament:

Meine Erbin soll meine Tochter Angelika werden. Angelika soll aber 5.000 Euro an die Bedürftigen zahlen, weil sie aus der Kirche ausgetreten ist und ich mir Sorgen mache, dass sie später in die Hölle kommt.

‾‾‾‾‾
(Ort), (Datum)

‾‾‾‾‾
(Unterschrift)

Vorsicht bei zu allgemein gehaltenen Auflagen

Im vorliegenden Beispielsfall gibt es ganz offensichtlich keine Person, die von der Tochter die Zahlung des Geldbetrages beanspruchen kann. Niemand kann also vor Gericht das Geld einklagen und Angelika zur Zahlung zwingen. Die Erbin könnte ihre Auflage versehentlich vergessen. Wenn ein Erblasser in einer vergleichbaren Situation sichergehen möchte, dass die von ihm vorgesehene Auflage vom Erben eingehalten wird, kann er die Erfüllung der Auflage durch die Einsetzung eines Testamentsvollstreckers absichern. Die bessere Lösung wäre hier sicherlich die Zuwendung eines Geldvermächtnisses an eine konkret benannte Person oder Organisation.

Tipp

Benennen Sie eine bestimmte Person oder eine konkrete Organisation als Empfänger

1.21 Die Enterbung

Gesetzliche Erben sind die Erben, die nach den gesetzlichen Vorschriften Erben werden. Einem gesetzlichen Erben kann das Erbrecht durch eine testamentarische Enterbung genommen werden. Das kann ausdrücklich geschehen, indem der Erblasser beispielsweise erklärt, dass »Mein Sohn« nicht erben soll. Das kann auch indirekt geschen, indem der Erblasser beispielsweise jemanden als »Alleinerben« einsetzt.

Die Enterbung hat einen relativ schlechten Ruf. Dabei sind Fälle der Enterbung denkbar, die sogar im Interesse von nahen Angehörigen sind. Ein solcher Fall läge z.B. vor, wenn ein Erblasser sehr hohe Schulden hat. Hier würde sich beispielsweise die Enterbung der gesetzlichen Erben (also Ehepartner, Kinder, Enkel, Eltern usw.) anbieten, denn die Erben würden als Rechtsnachfolger des Verstorbenen nicht nur dessen Vermögen, sondern auch die Schulden übernehmen. Ohne eine ausdrückliche Enterbung wären diese Erben gezwungen, gegenüber dem Nachlassgericht die Ausschlagung (vgl. S. 115 ff.) zu erklären. Nur durch die Ausschlagung könnten die Erben verhindern, die Schulden des Erblassers zu erben. Werden die Ausschlagungsfristen versäumt, besteht sogar die Gefahr, dass die Schulden tatsächlich von den Erben übernommen werden müssen. In einem solchen Fall kann also eine Enterbung sehr im Interesse der enterbten Personen liegen. Der Fall ist auch umgekehrt denkbar. Großeltern z.B. sollten es in Erwägung ziehen, ihr Vermögen nicht an ihren überschuldeten Sohn, sondern unter Umständen direkt an die Enkelkinder zu vererben, da dann die Gläubiger keinen Zugriff auf das Erbe hätten. In einem solchen Fall sollten Sie sich allerdings unbedingt fachmännisch beraten lassen!

Enterbung bei hohen Schulden

Der Pflichtteilsanspruch

Einem gesetzlichen Erben kann im Falle der Enterbung ein Pflichtteilsanspruch zustehen. Im Folgenden werden wir uns noch damit beschäftigen, was ein Pflichtteilsanspruch ist und wie der Wert dieses Anspruchs rechnerisch ermittelt wird (vgl. S. 132 ff.).

Oft wird die Frage gestellt, unter welchen Bedingungen einem gesetzlichen Erben, der im Falle der Enterbung pflichtteilsberechtigt wäre, auch sein Pflichtteil genommen werden kann. Wenn kein Fall der Erbunwürdigkeit vorliegt – was in aller Regel der Fall ist – dann wird man sich diesem Aspekt nur über einen Pflichtteilsverzichtsvertrag nähern können. Dazu werden Sie auf S. 149 mehr erfahren.

1.22 Vorausvermächtnis

Eine besondere Form des Vermächtnisses ist das Voraus-vermächtnis. Es handelt sich dabei um die Einsetzung einer Person als Erbe und gleichzeitig als Vermächtnisnehmer. Der Erblasser bestimmt also eine Person zu seinem Erben, wendet dieser Person aber zusätzlich ein Vermächtnis zu. Als Beispiel soll folgendes Testament dienen:

Wenn jemand Erbe und Vermächtnis-nehmer ist

Mein letzter Wille:

Ich setze meinen Sohn Michael und meine Tochter Michaela zu meinen Erben ein. Michael soll darüber hinaus meinen Oldtimer-Porsche bekommen, ohne dass er sich diesen auf seinen Erbteil anrechnen lassen muss.

_____

(Ort), (Datum)

_____

(Unterschrift)

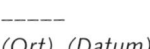

Dieses Testament hat für den glücklichen Erben Michael den Vorteil, dass er sich das darin enthaltene Vermächtnis bei der Teilung nicht anrechnen lassen muss. Michael er-hält also wertmäßig mehr als es seiner hälftigen Erbquote entsprechen würde. Das Vorausvermächtnis ist damit das richtige Gestaltungsinstrument, wenn ein Erblasser meh-rere Erben bedenken will, gleichzeitig aber sicherstellen möchte, dass ein Miterbe einen bestimmten Gegenstand aus dem Nachlass erhalten soll, ohne dass er sich diesen auf den Wert seines Erbanteils anrechnen lassen muss.

Wann ist ein Voraus-vermächtnis die richtige Lösung?

1.23 Teilungsanordnung

Ein Erblasser kann in seinem Testament auch Anord-nungen treffen, wie der Nachlass unter den Erben verteilt werden soll. Damit wird Streit vermieden. Die Teilungs-anordnung ist damit ein Instrument, um auf die Auseinan-dersetzung des Nachlasses Einfluss mit dem Ziel zu neh-

Anrechnung auf das Erbe?

men, bestimmten Erben bestimmte Gegenstände aus dem Nachlass zukommen zu lassen. Wichtig ist allerdings, dass im Testament eine klare Unterscheidung getroffen wird, ob sich die Begünstigten das Erhaltene auf den Erbteil anrechnen lassen sollen oder nicht. Wenn keine Anrechnung auf den Erbteil stattfinden soll, dann handelt es sich insoweit nicht um eine Teilungsanordnung, sondern um die bereits besprochene Vorausvermächtnis. Denn bei einem Vorausvermächtnis muss der Begünstigte sich sein Vorausvermächtnis auf seinen Erbteil nicht anrechnen lassen.

Tipp

Bei Anrechnung auf das Erbteil ist eine Teilungsanrechnung sinnvoller als ein Vorausvermächtnis

Wenn eine Wertverschiebung gewünscht ist, sollte der Erblasser ein Vorausvermächtnis, wenn eine Anrechnung auf den Erbteil gewollt ist, dann eine Teilungsanordnung wählen; andernfalls droht Auslegung (vgl. S. 100). Gibt es keine Regelung im Hinblick auf die Anrechnung wird in aller Regel von einer Teilungsanordnung auszugehen sein. Die Bedeutung des Unterschiedes zwischen Teilungsanordnung und Vorausvermächtnis soll das folgende Beispiel veranschaulichen:

Mein Testament:

Meine Erben sollen meine Tochter Tina und mein Sohn Fritz werden. Tina soll das Bild über dem Kamin erhalten, da sie schon als kleines Kind immer ganz begeistert davor gesessen hat.

_____

(Ort), (Datum)

_____

(Unterschrift)

Beispiel

Im Zuge der Nachlassteilung stellt sich heraus, dass es sich bei dem Bild um eine Grafik von Picasso mit einem Verkehrswert von 125.000 Euro handelt. Das sonstige Vermögen beläuft sich auf 150.000 Euro. Der gesamte Nachlass hat also einen Wert von 275.000 Euro. Wenn sich Tina das Bild anrechnen lassen muss, dann hätte sie einen Anspruch auf den Nachlass im Werte von (275.000 Euro : 2) 137.500 Euro. Nach Abzug des Bildes könnte sie vom Nachlassrest also noch einen Betrag von (137.500 bis 125.000 Euro) 12.500 Euro beanspruchen. Wenn Tina sich die Grafik nicht anrechnen lassen müsste, dann bekäme sie die Grafik sozusagen »vorab« als Vorausvermächtnis und der Betrag von 150.000 Euro müssen noch zwischen ihr und ihrem Bruder aufgeteilt werden. Sie erhält also noch weitere 75.000 Euro.

Unterschiedliche Berechnung des Erbteils mit Teilungsanordnung/ Vorausvermächtnis

Eine eindeutige »Verteilungsregelung« im Testament ist deshalb wichtig, was im vorliegenden Fall deutlich wird. Im Streitfall müsste das Gericht herausfinden, ob sich Tina die Grafik auf ihren Erbteil anrechnen lassen muss oder nicht, und dazu den Willen des Erblassers zu Lebzeiten »rekonstruieren«. Bei einem Fall wie dem geschilderten kann die Entscheidung des Gerichts z.B. davon abhängen, ob der Erblasser in der Verfügung von Todes wegen oder irgendwann sonst angedeutet hat, dass beide Erben gleich viel bekommen sollen. So etwas ist regelmäßig schlecht zu bewerkstelligen und zu beweisen.

Vor diesem Hintergrund kann sich jeder vorstellen, wie viel Ärger solche Verfahren bereiten können. Es ist daher jedem zu empfehlen, sein Testament sorgfältig und möglichst ohne Missverständnisse zu formulieren. Vor diesem Hintergrund sollten Erblasser sich sinnvollerweise entweder für ein Vorausvermächtnis ohne Anrechnung oder eine Teilungsanordnung mit Anrechnung zu entscheiden.

Sorgfältige Entscheidung treffen

2.   Der Erbvertrag

**Der Erb-
vertrag als
Alternative
für Nichtver-
heiratete**

Neben dem Testament ist der Erbvertrag als zweites wich-
tiges Instrument hervorzuheben, mit dem der letzte Willen
gestaltet werden kann. Der Erbvertrag bildet für Ehegatten
eine gleichwertige Alternative zu einem gemeinschaftlichen Testament und für Nichtverheiratete ist er die
einzige Möglichkeit, nicht abänderbare Verfügungen zu
treffen. Aus diesem Grund wird im Folgenden zu einigen
typischen erbvertragliche Regelungen der Bezug zu Ehe-
gattentestamenten hergestellt.

In einem Erbvertrag treffen mehrere Personen bindende
Vereinbarungen, die einen Bezug zum Erbfall haben. Der
Erbvertrag entfaltet eine Bindungswirkung bereits zu
Lebzeiten. In der Regel wird ein Erbvertrag geschlossen,
wenn die beteiligten Personen kein gemeinschaftliches
Ehegattentestament errichten können oder Wert auf Un-
widerruflichkeit legen. Auch Eheleute können einen Erb-

**Ein Erbvertrag
bindet stärker
als ein Testa-
ment**

vertrag schließen. Das kommt immer dann in Frage, wenn
die Eheleute die besondere Bindungswirkung des Erbvertrages wünschen, die noch über die eines gemeinschaftlichen Testaments hinaus gehen kann.

Wie das Testament beinhaltet ein Erbvertrag den letzten
Willen einer oder mehrerer Personen. An einem Erbvertrag sind mindestens zwei Personen beteiligt. Mindestens
eine in einem Erbvertrag getroffene Verfügung (z.B. Erbeinsetzung oder Vermächtnis) wird bindend getroffen und
kann dann von einer der vertragsschließenden Personen
allein nicht wieder aufgehoben werden.

**Beim Erbver-
trag ist keine
einseitige Lö-
sung möglich**

Ein Erbvertrag hat Gemeinsamkeiten mit einem Testament. Denn ähnlich wie beim Testament enthält ein Erbvertrag eine Zuwendung an eine Person, die von Todes
wegen erfolgen soll. Allerdings können gegenseitige Erbeinsetzungen geregelt werden. Während beim einseitigen
Testament der Bedachte nicht verhindern kann, dass das
Testament nach seiner Errichtung später wieder aufgehoben oder inhaltlich abgeändert wird, ist das beim Erbvertrag anders. In einem Erbvertrag bindet sich der Verfü-

gende gegenüber seinem Vertragspartner und kann sich dann nicht mehr einseitig lösen.

Ein Erbvertrag muss in jedem Fall notariell beurkundet werden. Soweit ein Erbvertrag nicht notariell beurkundet wurde, ist er unwirksam.

Pflicht zur notariellen Beurkundung

Die Bindungswirkung ist bei einem Erbvertrag sehr groß – anders als beim Ehegattentestament existiert beim Erbvertrag keine gesetzlich geregelte Widerrufsmöglichkeit.

Auch für nicht verheiratete Personen (Geschwister, Eltern und Kind, nicht eheliche Lebensbeziehung, Nachbarn, Freunde, Bekannte, Verwandte) besteht die Möglichkeit, sich durch einen Erbvertrag als Erben einzusetzen und Gegenleistungen oder andere Verpflichtungen zu vereinbaren. Falls gewünscht kann allerdings ein Rücktrittsrecht vereinbart werden.

Im Folgenden ein vielleicht nicht ganz typisches aber trotzdem anschauliches Anwendungsbeispiel für einen Erbvertrag:

Beispiel

Der Unternehmer Ferdinand Strumpf ist sehr stolz auf seine Tochter Christiana. Die Firma von Herrn Strumpf hat sich einen Namen und ein Vermögen mit der Produktion von computergesteuerten Stanz- und Laserfräsmaschinen gemacht. Christiana ist 35 Jahre alt, sie hat zwei kleine Kinder und eine Ausbildung zur Gymnasiallehrerin mit Erfolg abgeschlossen. Ferdinand wünscht sich, dass das Unternehmen von seiner Tochter, von deren intellektuellen und charakterlichen Fähigkeiten er eine sehr hohe Meinung hat, weitergeführt wird – obwohl er noch einen Sohn hat, der sogar vor kurzem sein Studium der Betriebswirtschaftslehre mit großem Erfolg abgeschlossen hat. Strumpf erkennt die Gefahren, die Christiana und dem Unternehmen durch Pflichtteilsansprüche und Pflichtteilsergänzungsansprüche drohen könnten. Um die Gerechtigkeit zwischen den Geschwistern herzustellen und insbeson-

Der Erbvertrag als Nachfolgeregelung in einem mittelständischen Unternehmen

dere Christiana Planungssicherheit zu geben, werden Wirtschaftsprüfer und Rechtsanwälte bemüht und ein kompliziertes Vertragswerk zwischen Vater Strumpf und den beiden Kindern aufgesetzt, in dem die verschiedenen Interessen ausgeglichen werden. Da in diesem Vertrag eine ganze Reihe von Grundstücken, Unternehmen und Beteiligungen und vor allen Dingen äußerst komplizierte steuerliche Zusammenhänge zu berücksichtigen sind, hat der Vertrag eine Vielzahl von Regelungen, die an dieser Stelle nicht interessieren. Stark zusammen gefasst wird Christiana als Alleinerbin eingesetzt. Gleichzeitig erhält ihr Bruder eine Abfindung für den Verzicht auf Erb- und Pflichtteilsansprüche im Falle des Versterbens seines Vaters.

Der Notar wird diesen Vertrag beurkunden und beim Amtsgericht in Verwahrung bringen.

!

Ein Testament kann im Gegensatz zum Erbvertrag vom Erblasser widerrufen werden

Zusammenfassend ist noch einmal klarzustellen, dass ein Testament ohne große Schwierigkeiten aufgehoben werden kann, wenn der Erblasser das so will. Der Erblasser braucht nur in einem neuen Testament den Willen äußern, dass die Regelung des alten Testaments nicht mehr gelten soll. Ein Begünstigter kann sich also nicht auf eine Verfügung in einem Testament verlassen. Eine Ausnahme bildet das Ehegattentestament, wo zumindest für wechselbezügliche Verfügungen etwas anderes gilt.

Tipp

Rücktrittsmöglichkeit in den Erbvertrag aufnehmen

Beim Erbvertrag ist das grundsätzlich anders, denn der Erbvertrag kann nicht von einer der vertragsschließenden Parteien einfach so wieder aus der Welt geschafft werden, sondern bindet den Erblasser an die einmal getroffene Verfügung. Die Aufhebung des Erbvertrages ist nur mit Zustimmung des anderen Teils möglich. Ist einer der Vertragschließenden verstorben, ist die vertragliche Aufhebung gar nicht mehr möglich. Wer das nicht will, muss sich im Vertrag eine Rücktrittsmöglichkeit vorbehalten. Nur dann kann er zu Lebzeiten des Vertragspartners mit einem auch wieder notariell zu beurkundenden Rücktritt

»aussteigen« oder nach dem Tod des Vertragspartners, wenn er das ihm Zugewendete ausschlägt.

Bei einem einseitig angelegten Erbvertrag trifft der Erblasser eine oder mehrere vertragsmäßige Verfügungen von Todes wegen, die der andere Teil annimmt, ohne selbst eine Verfügung von Todes wegen abzugeben. Bei einem einseitigen Erbvertrag erklärt die andere Vertragspartei gegenüber dem Erblasser nur die Annahme der Erklärung des Erblassers. Eine solche Vertragskonstellation ähnelt einem Testament. Mit der Annahme dieser Verfügungen durch den Vertragspartner tritt die Bindungswirkung ein und von diesem Moment an kann der Erblasser den Erbvertrag nicht mehr einseitig widerrufen.

Der einseitige Erbvertrag

Zwar wird in der Regel in einen einseitigen Erbvertrag eine Rücktrittsmöglichkeit für den Erblasser aufgenommen. In unserem Beispielsfall wird der Unternehmer Strumpf sich eine Rücktrittsmöglichkeit für den Fall einräumen lassen, dass Christiana sich die Angelegenheit doch anders überlegen und dem Unternehmen nicht mehr als Chefin zur Verfügung stehen sollte. Ein solches Widerrufsrecht, welches natürlich hinsichtlich seiner Einzelheiten immer Verhandlungssache ist, ändert aber nichts an der beim Erbvertrag grundsätzlich bestehenden Bindungswirkung.

Beim gemeinschaftlichen Erbvertrag treffen beide Vertragsparteien bindende Verfügungen von Todes wegen. Häufig werden nicht eheliche Lebensgemeinschaften zur gegenseitigen Absicherung einen Erbvertrag wählen, da ihnen die Form des Ehegattentestaments gesetzlich nicht zur Verfügung steht.

Der gemeinschaftliche Erbvertrag

Ähnlich wie bei einem Ehegattentestament stehen beim vertragsgemeinschaftlichen Erbvertrag Verfügungen im Mittelpunkt, die im Hinblick auf die Verfügung des anderen getroffen werden und die voneinander abhängig sind. Man spricht dabei von vertragsmäßigen Verfügungen. Eine vertragsmäßige Verfügung ist z.B. dann gegeben, wenn die Lebensgefährtin ihren langjährigen Lebensgefährten nur unter der Bedingung als Erbe einsetzt, dass er auch

Vertragsmäßige Verfügungen

sie im Gegenzug als Erbin einsetzt. Allerdings können nur Erbeinsetzungen, Vermächtnisse und Auflagen als vertragsmäßige Verfügungen getroffen werden. Nur hinsichtlich dieser Verfügungen entfaltet der Erbvertrag seine Bindungswirkung.

Wer sich von einem gemeinschaftlichen Erbvertrag lösen möchte oder vielleicht auch nur in bestimmten Punkten später Änderungen vornehmen möchte, muss sich bei Vertragschluss den Rücktritt oder die Änderung vorbehalten. So kann sich bei einer gegenseitigen Einsetzung zum Alleinerben der Überlebende z.B. vorbehalten, seine Verfügungen beliebig einseitig testamentarisch aufzuheben oder zu ändern. Dem Überlebenden der vertragschließenden Ehegatten könnte aber auch nur das Recht eingeräumt werden, die Erbteile der auf seinen Tod vertragsmäßig als Erben eingesetzten Kinder noch zu ändern.

Bei unwirksamem Erbvertrag gilt die gesetzliche Erbfolge

Der Erbvertrag muss vom Notar beurkundet werden. Mit der Beurkundung sind Erblasser und Erbe an diesen Vertrag gebunden. Ohne wirksame notarielle Beurkundung ist der Erbvertrag unwirksam. Es gilt dann die gesetzliche Erbfolge, wenn es nicht einen anderen letzten Willen gibt.

Ein Erbvertrag bringt zu Lebzeiten nur die Einschränkung mit sich, dass die Beteiligten keine abweichenden Letztwilligen Verfügungen treffen können bzw. diese unwirksam sind, falls er es doch tut. Im Hinblick auf die Verfügungsgewalt zu Lebzeiten bestehen keine Beschränkungen. Es besteht insoweit nur eine erbrechtliche Bindung an den Erbvertrag. Das heißt, der Erblasser kann frei darüber verfügen und sein Hab und Gut z.B. verkaufen und den Erlös verbrauchen – z.B. wegen erhöhtem Bedarf aufgrund Pflegebedürftigkeit. Er kann nur kein Testament mehr errichten, in dem er etwas anderes bestimmt als im Erbvertrag.

Der Erbvertrag tritt erst mit dem Todesfall in Kraft

Dennoch ist der durch vertragsmäßige Verfügungen im Erbvertrag Bedachte nicht ganz schutzlos: Hat der Erblasser in der Absicht ihn um sein versprochenes Erbe zu bringen, Schenkungen gemacht, kann er – nachdem er später die Erbschaft angenommen hat – von dem Beschenkten die Herausgabe des Geschenks verlangen. Der Nachweis dieser Absicht vor Gericht ist aber sehr schwer und ausgeschlossen, wenn der Erblasser ein »lebzeitiges Eigeninteresse« an der Schenkung hatte – z.B. wenn damit eine Pflegeverpflichtung durch den Beschenkten verbunden war.

2.1 Widerruf und Rücktritt vom Erbvertrag

Die Bindung der Vertragsparteien an den Erbvertrag ist grundsätzlich nicht durch einen einseitigen Widerruf aus der Welt zu schaffen, wenn nicht ein entsprechendes Widerrufsrecht in den Erbvertrag aufgenommen wurde. Sowohl Erblasser als auch Erben müssen also zu den Folgen ihrer Unterschrift stehen. Wie bei jedem anderen Vertrag können allerdings die Parteien einen Änderungsvertrag oder auch einen Aufhebungsvertrag abschließen und darin Änderungen vereinbaren oder den Erbvertrag aufheben. Gemeinsam können also die Wirkungen des Erbvertrages nachträglich verändert oder aufgehoben werden.

Der Änderungs- oder Aufhebungsvertrag

Der Gesetzgeber hat dem Erblasser allerdings doch eine Möglichkeit eingeräumt, durch einseitige Erklärung – also gegen den Willen des Vertragspartners – vom Vertrag loszukommen. Voraussetzung für einen solchen Rücktritt ist, dass die gleichen Voraussetzungen vorliegen, die den Erblasser auch berechtigen würden, dem Erben den Pflichtteil zu entziehen. Die Voraussetzungen für die Entziehung des Pflichtteils sind sehr hoch. Im Ergebnis kann man zusammenfassen, dass der Erblasser dann nicht mehr an den Erbvertrag gebunden ist, wenn der Vertragspartner ihn beispielsweise schwer misshandelt oder sogar versucht hat, ihn umzubringen. Es müssen schwere Verfehlungen des Bedachten vorliegen. Allerdings wird der Erbvertrag in einen solchen Fall nicht von sich aus unwirksam – vielmehr muss der Erblasser eine notariell zu beurkundende Erklärung gegenüber seinem Vertragspartner abgeben. Alternativ dazu kann der Erblasser diese Wirkung allerdings auch einfacher mit einem eigenhändigen Testament erreichen.

Ausnahme: Einseitiger Widerruf des Erblassers bei schweren Straftaten des Vertragspartners

Tipp

Notarielle Beurkundung

Aus nahe liegenden Gründen ist sehr darauf zu achten, dass ein solches Testament nicht angreifbar sein darf. Wenn der Erblasser die Wahl hat, wäre ihm die notarielle Beurkundung zu empfehlen.

2.2 Anfechtung des Erbvertrags

Neben der Möglichkeit, den Erbvertrag durch einen Rücktritt unwirksam zu machen, hat der Erblasser wie bei jedem Vertrag die Möglichkeit, den Erbvertrag wegen Irrtums oder wegen widerrechtlicher Drohung anzufechten. Darüber hinaus hat der Gesetzgeber spezielle Anfechtungsmöglichkeiten geschaffen. So berechtigt eine spezielle Form des Motivirrtums den Erblasser zur Anfechtung. Ein solches Versehen muss beim Erblasser bei Abschluss des Vertrags vorgelegen und ihn zum Vertragsabschluss verleitet haben.

Anfechtungs-gründe

Das Gesetz akzeptiert aber nur wenige Anfechtungsgründe. Die Anfechtung ist beispielsweise möglich, wenn der Erblasser versehentlich einen Pflichtteilsberechtigten übergangen hat, dessen Vorhandensein ihm bei der Errichtung des Vertrages nicht bekannt war oder der erst nach der Errichtung geboren oder pflichtteilsberechtigt geworden ist. Aber auch enttäuschte Erwartungen des Erblassers über das künftige Verhalten einer bedachten Person sein oder über den harmonischen Verlauf der Ehe mit dem Bedachten sind schon als Anfechtungsgründe anerkannt worden.

2.3 Ein Beispiel für einen Erbvertrag

Erbvertrag

_____ (Ort, Datum)

(Urkundseingang des Notars)

Wir, die Eheleute Franziska Schmidt und Hans-Jörg Schmidt, vereinbaren Folgendes:

1. Wir setzen uns gegenseitig zu unbeschränkten Alleinerben ein und nehmen die Erbsetzung gegenseitig an.

2. Erben des Längstlebenden und damit Schlusserben sollen unsere drei Kinder Anna Maier geb. Schmidt,

Boris Schmidt und Christa Schmidt, je zu einem
Drittel zu gleichen Teilen sein. Fällt eines der drei
Kinder weg, treten an seine Stelle seine Abkömmlinge. Hat der Weggefallene keine eigenen Abkömmlinge, treten an seine Stelle seine Geschwister, ersatzweise deren Abkömmlinge.

Der Längstlebende ist berechtigt, Dritten Vermächtnisse bis zum Gesamtwert von 150.000 Euro
zuzuwenden, sofern diese aus seinem eigenen im
Zeitpunkt des Todes des Erstversterbenden vorhandenen Vermögen erfüllt werden können.

3. Für den Fall des Todes des Letztversterbenden
   treffen wir folgende Teilungsanordnungen:

4. Verlangt eines unserer Kinder beim Tode des
   Erstversterbenden seinen Pflichtteil, sollen weder er
   noch seine Abkömmlinge Schlusserben werden.

5. Die vorstehenden Verfügungen zu Nr. 1 bis Nr. 3
   sind vertragsmäßige. Der Längstlebende ist jedoch
   berechtigt, Dritten Vermächtnisse bis zum Gesamtwert von 150.000 Euro zuzuwenden, sofern diese
   aus seinem eigenen im Zeitpunkt des Todes des
   Erstversterbenden vorhandenen Vermögen erfüllt
   werden können.

6. Wir verzichten auf ein Anfechtungsrecht, das im
   Falle einer Wiederverheiratung aus dem Übergehen
   eines Pflichtteilsberechtigten gegeben sein könnte.

7. Für den Fall des Todes des Letztversterbenden
   treffen wir folgende Teilungsanordnungen:

⎯⎯⎯

⎯⎯⎯

(Unterschrift Franziska Schmidt)

⎯⎯⎯

(Unterschrift Hans-Jörg Schmidt)

⎯⎯⎯

(Unterschrift Notar)

Kapitel 6
Die Testamentseröffnung

Hat der Erblasser ein Testament oder einen Erbvertrag verfasst, so hat er normalerweise Regelungen getroffen, die von der gesetzlichen Erbfolge abweichen. Die Existenz eines Testaments wirft eine Reihe zusätzlicher Fragen auf: Oft enthalten Testamente unklare Regelungen oder es werden Einwendungen erhoben, weil potentielle Erben, die nicht bedacht wurden, zweifeln, ob der Erblasser seinen letzten Willen noch bei klarem Verstand ausdrückte. Häufig wird auch angenommen, dass andere durch Drohungen oder Schmeichelei zu Erben geworden sind. Neben all diesen Streitigkeiten, ergeben sich durch ein Testament auch Verfahrensfragen, z.B.: Wie erfährt das Nachlassgericht, dass ein Testament existiert?

1. Der Weg des Testaments zum Nachlassgericht

Private oder amtliche Verwahrung?

Man kann ein Testament bei sich zu Hause, bei einem Dritten oder öffentlich verwahren (siehe S. 55 ff.) lassen. Bewahrt man ein Testament zu Hause auf, besteht die Gefahr, dass es aus Schludrigkeit verloren geht oder dass Angehörige, die sich zurückgesetzt fühlen, das Testament vernichten (was natürlich strafbar ist). Deshalb vertrauen manche Erblasser das Testament einem Freund an. Dieser muss dann, sobald ihn die Nachricht vom Tod des Erblassers erreicht, das Testament dem zuständigen Nachlassgericht übergeben. Am sichersten ist die so genannte besondere amtliche Verwahrung des Testaments. Dieses Testament wird dann dem Amtsgericht am Wohnort des Erblassers, dem Nachlassgericht, übergeben. In Baden-Württemberg bewahren die Bezirksnotariate Testamente auf und eröffnen sie auch als Nachlassgericht.

Benachrichtigung des Standesamts

Wird ein Todesfall ins Sterbebuch eingetragen leitet der Standesbeamte diese Nachricht an das Standesamt in dem Geburtsort des Toten weiter. Dieses Standesamt wurde darüber informiert, dass ein Testament hinterlegt wurde, selbst wenn der Verstorbene an einem anderen Ort wohnte und dort das Testament aufbewahrt wurde. Es prüft dann in seiner »Testamentskartei«, ob ein entsprechender Vermerk vorliegt. Falls in der Kartei die Hinterlegung eines Testaments verzeichnet ist, informiert das Standesamt des Geburtsortes das Gericht, bei dem das Testament verwahrt wird. Dieses eröffnet das Testament und schickt es an das Nachlassgericht, falls dieses ein anderes Gericht ist, weil der Erblasser nach Testamentserrichtung umgezogen ist.

Die »Testamentskartei« der amtlich aufbewahrten Testamente

2. Das gerichtliche Eröffnungsverfahren

Das Gericht, welches ein Testament in Verwahrung hat, bestimmt – jedenfalls dann wenn es auch zugleich das für den Wohnort des Verstorbenen zuständige Nachlassgericht ist – einen Termin für die Eröffnung. Hierzu werden die gesetzlichen Erben geladen, soweit sie bekannt sind. Im Termin wird dann tatsächlich der versiegelte Testamentsumschlag geöffnet, das Testament entnommen und vorgelesen. Über die Eröffnung wird ein Protokoll verfasst, das die Erschienenen zu unterschreiben haben. Wer Kopien des Testaments und des Protokolls möchte, kann diese im Termin auf seine Kosten (0,50 Euro pro Seite) beantragen. Wer nicht geladen wurde, weil seine Adresse noch nicht bekannt war oder weil sich erst aus dem Inhalt des Testaments ergibt, dass er darin bedacht wurde, bekommt Abschriften kostenfrei zugesandt – ebenso derjenige, der trotz Ladung nicht erschienen ist.

Kostenfreie Versendung von Testamentsabschriften

Man muss der Ladung nicht folgen. Die Abwesenheit bringt rechtlich keine Nachteile mit sich. Umgekehrt ist das Nachlassgericht auch nicht zu einer Ladung aller Beteiligten verpflichtet. Wenn es zu schwierig ist, deren Aufenthaltsort zu ermitteln, kann darauf verzichtet werden. Es gibt auch Fälle, bei denen niemand zur offiziellen Testamentseröffnung erscheint. In manchen Bundesländern hat sich (wenig bürgerfreundlich!) eingebürgert nie jemand zu laden und die Eröffnung immer ohne Beteiligte durchzuführen.

Sie müssen der Ladung zur Testamentseröffnung nicht folgen

**Annahme
der Erbschaft
protokollieren
lassen**

Wer weiß, dass er als Erbe eingesetzt ist, sollte tunlichst bei der Eröffnung anwesend sein und die Annahme der Erbschaft (wenn wie im Regelfall eine Ausschlagung außer Frage steht) zu Protokoll erklären, was später den Nachweis der Erbfolge erleichtert. Falls ein Erbschein erforderlich ist, kann dieser sofort beantragt werden.

3. Was geschieht beim Erbvertrag?

Für die Verwahrung und Eröffnung eines Erbvertrags gelten die gleichen Regeln wie beim Testament, mit der Ausnahme, dass dieser nicht in einem Umschlag verschlossen, sondern offen vom beurkundenden Notar an das Nachlassgericht zur Eröffnung abgeliefert wird.

4. Wenn ein Testament verloren gegangen ist

**Möglich-
keiten: Kopie
als Beweis
oder gemein-
same eides-
stattliche
Erklärung**

Was passiert, wenn ein Testament verloren gegangen ist? Gibt es eine Kopie, so kann darin der Beweis liegen, dass das Testament wirksam errichtet wurde. Existiert diese nicht, so besteht theoretisch die Möglichkeit, dass die Erben eine eidesstattliche Erklärung über den letzten Willen des Verstorbenen abgeben. Sind sich die Beteiligten über den letzten Willen uneinig, so gilt die gesetzliche Erbfolge. Jedenfalls handelt es sich in diesen Fällen immer um hochproblematische Einzelfälle.

Kapitel 7
Streit um die Wirksamkeit eines Testaments

1. Ist das Testament gültig oder nicht gültig?

Bei der Abfassung eines Testaments gelten gewisse formale Regeln (vgl. S. 53 f.). Werden diese nicht eingehalten, so ist das Testament von vornherein ungültig. So muss das Testament vollständig handschriftlich abgefasst sein. Wenn es mit dem Computer oder der Schreibmaschine geschrieben ist, ist es von vornherein ungültig. Eine Unterschrift unter ein getipptes Dokument reicht nicht aus.

Nur handschriftliche Testamente sind gültig

Kann man nachweisen, dass der Erblasser zur Zeit der Abfassung des Testaments nicht mehr testierfähig war, ist das Testament ebenfalls ungültig. Dies ist jedoch schwierig zu beweisen. Man kann sich dabei auf sprachliche Fehler und Unklarheiten sowie auf die Aussage der Ärzte stützen. Diese können manchmal aus Ihren Unterlagen ersehen, ob der Erblasser noch im vollen Besitz seiner geistigen Kräfte war, als er das Testament schrieb. Allerdings berufen sich die Ärzte zuweilen auf ihre Schweigepflicht, was die Klärung der Testierfähigkeit weiter erschwert.

Außerdem ist ein Testament ungültig, wenn es gegen die guten Sitten verstößt. Dies ist der Fall, wenn beispielsweise Verbrecher für ihre Taten belohnt werden. Ein anderer, harmloserer Fall besteht darin, dass das Testament das Pflegepersonal oder die Träger des Altenheims, in dem der Erblasser zuletzt lebte, als Erben einsetzt. Diese Personen dürfen dem Heimgesetz nach nicht erben.

Angestellte oder Träger eines Altenheims dürfen nicht erben

2.   Wenn der Inhalt unverständlich oder missverständlich ist: Auslegung

Ein Testament ist oft nicht eindeutig. Das liegt entweder an inhaltlichen oder an sprachlichen Unklarheiten. Das Bürgerliche Gesetzbuch enthält deswegen eine Reihe von Bestimmungen, die bei der Auslegung von Testamenten helfen sollen. So muss jemand im Testament nicht ausdrücklich als Erbe, Miterbe oder Vermächtnisnehmer bezeichnet werden, um ein solcher zu sein. Wer einzelne Vermögensgegenstände erbt, gilt als Vermächtnisnehmer, auch wenn ihn der Erblasser nicht so bezeichnet hat. Wer das ganze Vermögen oder einen Teil des Vermögens erbt, ohne dass ihm einzelne Gegenstände zugewiesen werden, ist vor dem Gesetz Erbe, auch wenn der Erblasser es nicht so genannt hat.

Berichtigungen   Unsinnige Bestimmungen, etwa falsche Berechnungen, werden berichtigt. Wenn z.B. jemand pauschal anordnet, dass er sein Geld den Armen vermachen wolle, ohne dass er eine konkrete Hilfsorganisation nennt, fällt das Erbe an das örtliche Sozialamt. Vererbt der Erblasser einen Bruchteil des Vermögens an eine Person und bestimmt sonst nichts weiter, so gilt im Übrigen die gesetzliche Erbfolge. Falls im Testament Nachkommen bedacht werden, die vor dem Erblasser sterben, vermutet das Gesetz, dass sie durch ihre Nachkommen ersetzt werden sollen.

Auslegungsregeln   Außer den gesetzlichen Regelungen gibt es noch allgemeine Auslegungsregeln. Die wichtigste heißt: Versuche den Willen des Verstorbenen herauszufinden und zu verwirklichen. Manchmal muss man nach Familiengewohnheiten fragen, um das Testament zu verstehen. Auch hier gibt das Bürgerliche Gesetzbuch eine Orientierungshilfe: Wenn von mehreren Auslegungen nur eine gültig ist, so muss diese durchgeführt werden. Denn das Wichtigste an einem Testament ist ja, dass der Erblasser eine wirksame Anordnung niederlegen wollte.

3. Die Anfechtung eines Testaments

Nach der Auslegung des Testaments ist zu bedenken, ob der Erblasser das, was er in dem Testament festgehalten hat, wirklich wollte. Eventuell kann man mit gutem Grund annehmen, dass der Erblasser von einem Begünstigten getäuscht wurde oder dass er von anderen Voraussetzungen ausging. Dann besteht die Möglichkeit, das Testament anzufechten. Das Bürgerliche Gesetzbuch sieht vier Anfechtungsgründe vor.

3.1 Anfechtung wegen Erklärungs- und Inhaltsirrtum

Ein Erklärungsirrtum liegt dann vor, wenn man infolge eines Versehens etwas erklärt, was gar nichts beabsichtigt war. Man verwechselt z.B. Namen oder steckt die falsche Version des Testaments in den Umschlag. Da dieser während der Beratung mit dem Notar nicht geöffnet wurde, entdeckt man den Irrtum nicht. Bei einem Inhaltsirrtum ging der Erblasser offensichtlich von falschen Voraussetzungen aus. Beides ist schwierig zu beweisen und als Anfechtungsgrund daher eher selten.

Begriffsverwechslung oder Annahme falscher Voraussetzungen

3.2 Anfechtung wegen Motivirrtum

Ist ein Testament nur aus bestimmten Motiven verfasst worden und fallen diese Motive weg oder hatte der Erblasser falsche Erwartungen und nahm diese als Grundlage für sein Testament, so ist sein letzter Wille anfechtbar. Nimmt er z.B. bei einem Erben wirtschaftliche Schwierigkeiten an, die in Wirklichkeit gar nicht vorhanden sind, weil dieser nur genügsam lebt, so kann das Testament angefochten werden. Das Gleiche gilt, wenn man jemanden zum Alleinerben einsetzt, weil er das Unternehmen einmal übernehmen soll. Wird diese Erwartung enttäuscht und der Erbe entscheidet sich für eine andere berufliche Laufbahn, könnte dies ebenfalls ein Anfechtungsgrund sein. Auch die private Treue oder Untreue kann einen Ansatzpunkt für eine Anfechtung bieten. Hat z.B. der Partner schon lange eine Außenbeziehung, von der die Verstorbene

Der Erblasser hatte falsche Erwartungen oder Motive

nichts wusste, kann das ein Grund sein, seine Stellung als Alleinerbe in Frage zu stellen, denn man kann annehmen, dass sie ihm sonst nicht ihr gesamtes Vermögen vermacht hätte.

! Der entscheidende Grundsatz bei der Anfechtung ist jedoch: Man muss beweisen können, dass der Verstorbene sein Testament nicht so verfasst hätte, wenn er die wahre Sachlage gekannt hätte.

3.3 Anfechtung wegen Drohung

Logischerweise ist ein Testament ungültig, dass unter der Androhung von Tätlichkeiten zustande kam. Häufiger sind aber wohl Drohungen wie z.B. »Wenn du mich nicht als Erben einsetzt, helfe ich dir nicht mehr im Haushalt und du musst in ein Pflegeheim«. Niemand ist zur Hilfe im Haushalt verpflichtet. Deshalb ist eine solche »Drohung« nicht widerrechtlich, was aber zur erfolgreichen Anfechtung nötig wäre. Nachdrückliches und nervenaufreibendes Insistieren ist nach der gültigen Rechtslage kein Anfechtungsgrund. Bei der Anfechtung muss zweifelsfrei festgestellt werden, dass die widerrechtliche Drohung der Grund für die Testamentsabfassung war.

Die Drohung muss der Grund für die Testamentsabfassung sein

3.4 Anfechtung wegen Übergehung eines Pflichtteilsberechtigten

Als pflichtteilsberechtigt gelten die Nachkommen, der Ehepartner und die Eltern. Manchmal wird ein Pflichtteilsberechtigter übergangen, weil der Erblasser von seiner Existenz nichts weiß. Der häufigste Fall ist wohl ein neuer Ehegatte, oder später geborene Kinder. Es kommt auch vor, dass ein Pflichtteilsberechtigter im Testament versehentlich nicht erwähnt wird. Wenn z.B. der Sohn enterbt wird, aber vor der Mutter stirbt, so ist zu klären, ob sich die Enterbung auch auf die Kinder des Sohnes erstreckt. Man kann annehmen, dass hier ein gültiger Anfechtungsgrund vorliegt.

Später geborene Kinder oder neue Ehegatten

Auch unter Laien ist bekannt, dass es schwierig ist, jemanden komplett zu enterben. Dies liegt daran, dass die Pflichtteilsberechtigten beweisen müssen, dass sie im Testament übergangen wurden. Die durch das Testament eingesetzten Erben müssen aber beweisen, dass der Erblasser bei Kenntnis der Sachlage genau die gleichen Anordnungen getroffen hätte. Sie tragen also die Beweislast. Deshalb befinden sich die anfechtenden Pflichtteilsberechtigten im Vorteil.

3.5 Wer anfechten darf

Es sind nur diejenigen zur Anfechtung berechtigt, die unmittelbar von einer Änderung des Testaments betroffen sind. Wurde z.B. die Tochter im Testament nicht erwähnt und der Sohn auf seinen Pflichtteil beschränkt, so ist nur die Tochter anfechtungsberechtigt, denn für den Sohn ist eine gültige Regelung getroffen worden.

Nur Betroffene dürfen anfechten

Kapitel 8
Das Erbscheinsverfahren

1. Welche Bedeutung hat ein Erbschein?

Ein Erbschein ist eine öffentliche Urkunde, die das Nachlassgericht beim Amtsgericht bzw. in Baden-Württemberg beim Bezirksnotariat ausstellt. Der Erbschein ist von großer Bedeutung, denn damit kann man über die Nachlassgegenstände, also z.B. Konten oder Grundstücke verfügen.

Der Erbschein als Ausweis des Erben Man geht davon aus, dass die Person, deren Name im Erbschein steht, der wahre Erbe ist. Darauf müssen sich Vertragspartner und Schuldner verlassen können. Wenn sich beispielsweise nach zwei Jahren herausstellt, dass in Wirklichkeit ein anderer geerbt hat und der Erbschein dann wegen Unrichtigkeit eingezogen wird, ist der Vertragspartner nicht zur Rückgängigmachung des Geschäftes verpflichtet und auch der Schuldner muss nichts mehr bezahlen. Der Erbschein gilt also als richtig, selbst wenn er falsch ist.

2. Antrag auf Erteilung eines Erbscheins

Antrag beim zuständigen Nachlassgericht Wie kommt man also nun zu einem Erbschein? Man stellt einen Antrag beim zuständigen Nachlassgericht. Es gibt keine Frist, die vorschreibt, wann man dies tun muss, weil es ja im eigenen Interesse des Erben liegt, eine Möglichkeit zum Zugriff auf den Nachlass zu erhalten.

3. Wie die Erbenstellung belegt werden kann

3.1 Gesetzliches Erbrecht

Vorlage der Sterbeurkunde und eigener standesamtlicher Urkunden Gibt der Antragsteller an, nach gesetzlicher Erbfolge zu erben, muss er die Sterbeurkunde sowie standesamtliche Urkunden die Verwandtschaft bzw. Heirat zum Verstorbenen belegen – also z.B. Geburtsurkunden, Heiratsurkunden, Sterbeurkunden vorrangiger Erben. Ergeben sich diese Tatsachen aus einem standesamtlichen Familienbuch, genügt insoweit eine beglaubigte Abschrift hieraus. Im Antrag muss auch angegeben werden,

- welche Personen vorher erbberechtigt waren und dann weggefallen sind (z.B. durch Tod, Ehescheidung)
- ob und welche Testamente oder Erbverträge vorhanden sind
- ob ein Rechtsstreit über das Erbrecht anhängig ist.

Schließlich muss an Eides Statt versichert werden, dass »nichts bekannt ist, was der Richtigkeit der Angaben entgegen steht«. Diese eidesstattliche Versicherung kann nur das Nachlassgericht selbst oder ein Notar protokollieren. Praktischerweise übernehmen diese dann auch gleich das Formulieren des Antrags aufgrund der Angaben des Erben ohne Mehrkosten.

Eidesstattliche Versicherung des gesetzlichen Erben

3.2 Testament oder Erbvertrag

Erbt der Antragsteller durch Testament oder Erbvertrag, müssen diese Verfügungen von Todes wegen zunächst einmal eröffnet werden. Wer privatschriftliche Testamente eines Verstorbenen besitzt ist ohnehin zur sofortigen Ablieferung an des Nachlassgericht gesetzlich verpflichtet – auch wenn er nicht Erbe ist und/oder keinen Erbschein benötigt. Ist eine Erbschein erforderlich, kann der Antrag beim Nachlassgericht meist gleich im Anschluss an die Eröffnung gestellt werden. Die Verwandtschaft zum Verstorbenen muss nun nicht mehr bewiesen werden, da sich die Einsetzung ja aus dem Testament ergibt. Es muss aber angegeben werden, ob und wenn ja welche weitere Testamente oder Erbverträge vorhanden sind. Auch hier ist wieder eine entsprechende eidesstattliche Versicherung erforderlich, sodass bei der Antragsformulierung professionelle Hilfe gewährleistet ist.

Eidesstattliche Versicherung des Erben durch Testament/ Erbvertrag

4. Das Verfahren vor dem Nachlassgericht

Anhörung aller Enterbten und Miterben

Die Aufgabe des Nachlassgerichtes ist es nun, festzustellen, ob die beantragte Erbfolge richtig ist. Dazu muss es diejenigen anhören, die durch ein Testament enterbt wurden. Regelmäßig werden auch alle übrigen Erben zumindest schriftlich angehört. Es muss in diesem Verfahren auch klären, ob das Testament gültig ist. Werden widersprechende Erbscheinsanträge gestellt, oder werden bei der Anhörung Einwendungen erhoben, wird das Nachlassgericht den Antrag zurück weisen, falls es von der Unrichtigkeit überzeigt ist. Möchte das Nachlassgericht den Erbschein trotz Einwendungen wie beantragt erteilen, wird es einen so genannten Vorbescheid erlassen, gegen den dann Rechtsmittel zum nächsthöheren Gericht (Landgericht) eingelegt werden können. Erst wenn die Rechtsmittelfrist verstrichen oder das Rechtsmittel (womöglich erst nach Jahren) entschieden ist, wird dann der Erbschein erteilt. Damit soll das Risiko gemindert, werden, dass sich ein falscher Erbschein im Verkehr befindet.

5. Kann auf den Erbschein verzichtet werden?

Geringe Bankguthaben

In manchen Fällen ist es möglich auf den Erbschein zu verzichten. Und zwar dann, wenn die Erbschaft und insbesondere Bankguthaben eher gering sind und die Bank kulanterweise auf die Vorlage eines Erbscheins verzichtet. Bei testamentarischer Erbfolge muss man zwischen einem notariellen und einem privatschriftlichen Testament unterscheiden. Die Umschreibung des Grundstücks auf den Erben oder die Verfügungen über nicht nur geringe Bankguthaben ist nur bei Vorlage eines notariellen Testaments und des Eröffnungsprotokolls möglich. Besitzt man nur ein privatschriftliches Testament, muss man einen Erbschein beantragen.

Sobald Grundbesitz zum Nachlass gehört, ist die Beantragung eines Erbscheins dringend zu empfehlen. Hinterlässt der Verstorbene Grundbesitz und möchte der Erbe vorerst nicht darüber verfügen (z.b. durch Verkauf oder Belastung mit einer Grundschuld) ist dieser zwar manchmal versucht, keinen Erbschein zu beantragen. Dabei ist aber zu beachten, dass irgendwann immer über den Grundbesitz verfügt werden muss (und sei es später durch die eigenen Erben) und es dann schwieriger sein kann, den Erbschein für den lange zurück liegenden Erbfall, womöglich unter Zeitdruck, zu erhalten. Außerdem ist zwar der Erbschein gebührenpflichtig, aber die Umschreibung des Grundbuchs auf den Erben kostet nichts, wenn der Antrag hierauf innerhalb von zwei Jahren nach dem Erbfall gestellt wird.

Kostenlose Umschreibung des Grundbuchs innerhalb von zwei Jahren

6. Streit um die Erbenstellung

6.1 Feststellungsklage

Die Erbfolge wird zwar im Normalfall im Erbscheinsverfahren geklärt, daneben sind aber auch direkte Rechtsstreitigkeiten zwischen den vermeintlichen Erben möglich, die mit einer »Feststellungsklage« vor einem ordentlichen Gericht entschieden werden. Geschieht dies, bevor das Nachlassgericht über einen Erbscheinsantrag entschieden hat, so wird mit der Ausstellung des Erbscheins gewartet, bis die Feststellungsklage entschieden ist.

Das Urteil des Landgerichts ist bindend

Eine Feststellungsklage wird normalerweise beim Landgericht erhoben. Meistens wird um folgende Themen gestritten: Ist das Testament gültig? Wie soll es ausgelegt werden? Manchmal geht es auch darum, ob das Testament oder doch die gesetzliche Erbfolge gelten. Das Nachlassgericht ist an die Entscheidung des Landgerichtes gebunden, was bedeutet, dass es einen bereits erteilten Erbschein einziehen oder für kraftlos erklären muss.

6.2 Wenn Erbunwürdigkeit vorliegt

Jemand ist erbunwürdig, wenn er bestimmte Straftaten begangen hat, die den Erblasser betreffen. Dazu gehören natürlich Mord oder Totschlag, denn der Täter soll aus seinem Tun nicht auch noch einen Vorteil ziehen. Auch eine langsame Vergiftung, die nicht zum Tod führt, aber

Gründe die geistigen Fähigkeiten des Erblassers mindert, ist ein Grund für die Annahme der Erbunwürdigkeit. Wenn jemand daran gehindert wird, ein Testament zu machen oder ein vorliegendes Testament zu ändern, wenn jemand sich durch Täuschung oder Drohung (siehe Anfechtungsgründe S. 101 ff.) als Erbe einsetzen lässt oder wenn jemand das Testament des Erblassers zu seinen Gunsten verfälscht, ist derjenige ebenfalls als erbunwürdig zu erklären.

Feststellung der Erbunwürdigkeit durch das Gericht Die Erbunwürdigkeit muss durch eine Klage beim Gericht festgestellt werden. Jeder, der von dem Wegfall des Erben profitieren würde, kann innerhalb eines Jahres Klage führen, nachdem er die Gründe für die Erbunwürdigkeit kannte. Wenn die Klage auf Erbunwürdigkeit positiv beschieden wird, wird im Rahmen der Erbfolge so getan, als wäre der Erbunwürdige um Zeitpunkt des Erbfalls verstorben.

Kapitel 9
Scheinbare Erben und das Problem mit den Nachlassgegenständen

Da das Leben oft seltsame Wendungen bereit hält, findet sich im Bürgerlichen Gesetzbuch auch eine Bestimmung zur Unterscheidung von scheinbaren und wahren Erben. Denn es kommt tatsächlich vor, dass sich jemand für den wahren Erben hält, seine Rechte aber dann an einen Anderen abtreten muss. Der wahrscheinlichste Fall: Jemand schlägt das Erbe aus. Dann kommt der Nächste in der Erbfolge zum Zuge. Außerdem ist es auch möglich, dass man im Nachhinein noch ein anderes Testament findet, das eine andere Person zum Erben erklärt. Das Gesetz deckt auch den Fall ab, dass jemand, der für tot erklärt wurde, wieder auftaucht und sein Erbe antritt.

Wann war jemand nur scheinbarer Erbe?

Wenn jemand guten Glaubens annimmt, Erbe geworden zu sein und sich später herausstellt, dass diese Annahme falsch war, dann können damit erhebliche Streitfragen verbunden sein. Diese Situation kann relativ leicht eintreten, z.B. wenn die Angehörigen eines Verstorbenen zunächst davon ausgingen, dass kein Testament vorhanden ist und ein solches plötzlich auftaucht. Statt der gesetzlichen Erben, tritt an ihre Stelle ein testamentarischer Erbe.

Man stelle sich nun vor, der scheinbare Erbe hätte in der Zeit, in der sich als tatsächlicher Erbe wähnte, beispielsweise Teile des Nachlasses verbraucht oder veräußert. Die tatsächlichen Erben werden in solch einer Situation wissen wollen, ob sie gegen den scheinbaren Erben Ersatzansprüche haben.

Die Hauptfrage, die zwischen dem scheinbaren und dem wahren Erben zu klären ist, lautet dann:

Was passiert mit den Nachlassgegenständen? Oft hat der Erbe bereits Gegenstände aus dem Nachlass verkauft. Der Erlös des Verkaufes gehört dann dem wahren Erben. Damit will der Gesetzgeber verhindern, dass die scheinbaren

Was passiert mit den Nachlassgegenständen?

Erben Dinge verkaufen, obwohl sie bereits wissen oder ahnen, dass sie nicht erben.

1. Die Herausgabepflicht

Der scheinbare Erbe muss den gesamten Nachlass umgehend an den tatsächlichen Erben herausgeben. Der scheinbare Erbe hat insoweit eine sehr ähnliche Stellung wie jeder andere Besitzer von Nachlassgegenständen auch.

Pflicht zur Auskunftserteilung Der Gesetzgeber hat geregelt, dass der scheinbare Erbe gegenüber den tatsächlichen Erben umfassend zur Auskunftserteilung verpflichtet ist. Der scheinbare Erbe muss Rechnung legen und auch die von ihm gezogenen »Früchte« – der Jurist meint damit z.B. Zinsen – herausgeben.

2. Die Haftung des scheinbaren Erben

Handelte der scheinbare Erbe unsorgfältig, haftet er unter Umständen sogar auf Schadenersatz.

Nichthaftung des scheinbaren Erben bei Gutgläubigkeit Der scheinbare Erbe ist aber auch geschützt, so lange er gutgläubig war, also von der Vorläufigkeit seiner Erbenstellung keine Kenntnis hatte.

Kritisch wird es, wenn der scheinbare Erbe wusste, dass er seine Erbenstellung wieder verlieren würde. In einem solchen Fall haftet er verschärft. Das bedeutet, dass er sogar bei leichter Fahrlässigkeit für den Untergang einzelner Nachlassgegenstände haftet.

Verkauft ein scheinbarer Erbe oder ein anderer Erbschaftsbesitzer Nachlassgegenstände, so tritt das Entgelt an die Stelle des Gegenstandes und gehört ebenfalls zum Nachlass.

3. Die Wirksamkeit der Geschäfte des scheinbaren Erben

Beim Verkauf von Nachlassgegenständen stellt sich aber noch ein anderes Problem: Kann der wahre Erbe Dinge, die der scheinbare Erbe weiterverkauft hat, vom Käufer zurück verlangen? Hier kommt es darauf an, ob der scheinbare Erbe einen Erbschein besaß. Ist dies der Fall, ist der Verkauf der Gegenstände nicht mehr rückgängig zu machen. Wenn der scheinbare Erbe keinen Erbschein hatte, muss das Geschäft rückgängig gemacht werden.

Der Erbschein entscheidet über die Gültigkeit inzwischen vorgenommener Geschäfte

Ob die Geschäfte für den Geschäftspartner des scheinbaren Erben wirksam sind und er die erworbenen Sachen behalten darf, ist nicht allgemeingültig zu sagen. Ein wichtiger Unterschied ist zu machen, je nachdem ob der scheinbare Erbe durch einen Erbschein legitimiert war oder nicht. Ohne Erbschein kann er sich nicht darauf berufen, dass er sich auf die Berechtigung des scheinbaren Erben verlassen hat. Nur wenn der scheinbare Erbe zum Zeitpunkt des Geschäftsabschlusses durch einen Erbschein legitimiert war, ist der Vertragspartner geschützt.

Es kann aber auch umgekehrt die Situation eintreten, dass der scheinbare Erbe Geld investiert hat, um im Nachlass befindliche Gegenstände zu reparieren oder überhaupt erst verwendbar zu machen. Hat der scheinbare Erbe z.B. das Auto reparieren lassen, so hat er Anspruch auf Schadensersatz, denn der wahre Erbe hätte die Reparatur ja auch veranlassen müssen.

Investitionen des scheinbaren Erben

Kapitel 10
Die Annahme der Erbschaft

Wenn man als Erbe sicher ist, dass der Nachlass nicht überschuldet ist, kann man das Erbe annehmen. Die Annahme kann auf verschiedene Weise geschehen. Entweder man tut gar nichts und wartet bis die sechswöchige Ausschlagungsfrist (siehe zur Ausschlagung Seite 115 ff.) abgelaufen ist. Das Verstreichen der Frist wird nämlich wie eine ausdrückliche Annahme der Erbschaft behandelt. Oder aber man drückt durch sein Verhalten gegenüber einem Nachlassbeteiligten die Annahme des Erbes aus. Eine mündliche Äußerung gegenüber dem eigenen Rechtsanwalt reicht allerdings nicht dazu aus. Wenn man aber z.B. die Bank des Erblassers beauftragt, Aktien zu verkaufen, kann man aus diesem Verhalten schließen, dass der Erbe den Nachlass annimmt. Deshalb spricht man in diesem Fall von einer konkludenten (also schlüssigen) Annahme. Eindeutig ist natürlich eine ausdrückliche Willenserklärung gegenüber dem Nachlassgericht.

Formen der Erbschaftsannahme

Verweigert der Erbe die Annahme der Erbschaft, so muss er auf alles verzichten. Für die Annahme des Erbes gilt das gleiche Prinzip: Man muss das komplette Erbe in Kauf nehmen.

Auschlagung: Ganz oder gar nicht

Die Annahme oder die Ausschlagung einer Erbschaft darf nicht an Bedingungen geknüpft werden. Man darf also nicht sagen: »Wenn noch 5.000 Euro für mich übrig bleiben, nehme ich das Erbe an«.

Nur in besonderen Situationen kann man eine Art teilweise Ausschlagung erreichen. Wenn z.B. der Ehemann von seiner Frau zur Alleinerbin gemacht wurde, kann er das testamentarische Erbe ausschlagen und somit die gesetzliche Erbfolge herbeiführen. Nach der gesetzlichen Erbfolge erben nun die beiden gemeinsamen Kinder je ein Viertel, der Ehemann bekommt noch die Hälfte. Diesen gesetzlichen Erbteil kann er dann wieder annehmen. Dies kann aus steuerlichen Gründen sinnvoll sein, weil die Kinder dann

Nur ausnahmsweise: Die »teilweise Ausschlagung«

für ihre Erbteile den Steuerfreibetrag von 205.000 Euro in Anspruch nehmen können.

Doch Vorsicht: Unter Umständen und je nach Auslegung des Testaments tritt mit der Ausschlagung nicht die gesetzliche Erbfolge ein, sondern die Kinder werden Ersatzerben und der Ehegatte erhält dann gar keinen Erbteil. Dies muss deshalb mit dem Nachlassgericht vorab geklärt werden.

Erbrechtliche Folgen der Annahme beachten

Unter bestimmten Umständen ist es aber möglich, die Erklärung der Annahme zu widerrufen. Dann muss man diese Willenserklärung anfechten.

Ein seltener Fall ist derjenige, dass man zur Annahme der Erbschaft gezwungen oder durch eine Täuschung verleitet wurde. Normalerweise hat man es aber mit einer anderen Situation zu tun: Im Moment der Annahme des Erbes kannte man bestimmte Nachlassgegenstände, Konten oder Schulden nicht. Nur diese Fälle sind für uns von Interesse.

Die Anfechtung der Annahme ist nur möglich, wenn sich der Erbe in einem Irrtum befand. Der mit weitem Abstand häufigste Fall der Anfechtung der Annahme geschieht in den Fällen, in welchen der Erbe die Erbschaft unwissentlich durch das Verstreichen der Ausschlagungsfrist angenommen hat. Sobald der Erbe über den Fristlauf und seine Bedeutung aufgeklärt wurde, beginnt eine weitere Frist von sechs Wochen innerhalb der die Anfechtung – genauso wie die Ausschlagung selbst – in notariell beglaubigter Form oder zu Protokoll des Nachlassgerichts abgegeben werden kann. So kann dann doch noch eine Ausschlagung bewirkt werden.

Die Anfechtung der Annahme

Eine Anfechtung wegen Irrtum über Eigenschaften des Nachlasses erfolgt meist, wenn im Nachhinein noch Verbindlichkeiten, z.B. Darlehen, auftauchen, von denen der Erbe nichts wusste. Für die Anfechtung der Annahme gilt eine sechswöchige Frist. Diese Frist läuft ab dem Moment, in dem man den Anfechtungsgrund erfährt. Wohnte der Erblasser im Ausland oder hat der Erbe seinen Wohnsitz dort, wird diese Frist auf sechs Monate festgesetzt. Die Anfechtung der Annahme ist in ihrer Form eine Ausschlagung. Man kann also selbst zum Nachlassgericht gehen, einen Bevollmächtigten zum Nachlassgericht schicken oder die Nachlasserklärung über einen Notar zustellen lassen. Die Anfechtung der Annahme gilt dann auch als Ausschlagung (zur Ausschlagung siehe S. 115 ff.).

Kapitel 11
Wann der Erbe das Erbe besser ausschlagen sollte

Nicht jeder Erbe ist glücklich über die Tatsache, dass er etwas erben soll. Häufig will sich ein Erbe sogar gegen die Erbschaft wehren. Zumeist liegt der Grund darin, dass der Nachlass überschuldet ist und der Erbe die Schulden nicht erben möchte.

1. Was bedeutet die Ausschlagung des Erbes?

Die Methode, sich einer Erbschaft zu entledigen, nennt man Ausschlagung. Wenn Sie die Ausschlagung des Erbes erklären, dann stehen Sie rechtlich so, als wären Sie niemals Erbe geworden. Sie werden nicht Träger von Rechten und Pflichten des Erblassers, haben also mit dem Erbe nichts mehr zu tun.

Wenn Sie Ihr Erbe ausschlagen, dann geht die Erbfolge an die nächste Person über, die Erbe geworden wäre, so als wenn Sie zum Zeitpunkt des Erbfalls nicht mehr gelebt hätten. Sie dürfen das Erbe nur innerhalb einer Ausschlagungsfrist (siehe S. 116 f.) ausschlagen.

Bei Ausschlagung erbt der Nächste in der Erbfolge

2. Gründe für eine Ausschlagung

Ein Grund für eine Ausschlagung kann die Überschuldung des Erblassers (siehe auch Kapitel 13 »Wenn der Nachlass überschuldet ist«, S. 127 ff.) sein. Eventuell kann nur der Steuerberater des Erblassers nach genauester Prüfung, und sofern er von seiner Schweigepflicht zuvor entbunden wurde, sagen, ob sich eine Erbschaft für den Erben lohnt oder ob eine Überschuldung des Nachlasses vorliegt. Bei umfangreichen Nachlässen ist daher die Befragung des Steuerberaters anzuraten.

Überschuldung des Nachlasses

Aber auch die eigene Verschuldung kann Grund für die Ausschlagung des Erbes sein. Wenn jemand erbt, der

Eigene Überschuldung schon vorher selbst so stark verschuldet ist, dass er sein Leben lang von den Schulden nicht wieder herunterkommen wird, und er Nachkommen hat, dann könnte er erwägen, das Erbe auszuschlagen. Denn dann könnten seine Abkömmlinge erben, die in diesem Fall von dem Nachlass auch wirklich etwas hätten.

Eltern dürfen nicht über das Erbteil verfügen Allerdings Vorsicht: Dieser Tipp kann auch ins Auge gehen. Denn der Erbteil gehört nach der Ausschlagung ganz allein dem Abkömmling. Die Eltern haben keine Rechte mehr auf die mit dem Erbe ihrer Kinder verbundenen Vermögensteile. Das bedeutet, dass die Eltern auch kein Recht haben, dieses Vermögen für sich oder für andere Personen zu verbrauchen. In diesem Zusammenhang sei der Hinweis erlaubt, dass auch Eltern sich strafbar machen können, wenn sie ihren Kindern etwas wegnehmen.

In diesem Zusammenhang ist es vielleicht auch noch interessant, zu wissen, dass das Nachlassgericht dem Familiengericht Mitteilung machen muss, wenn ein minderjähriges Kind mehr als 15.000 Euro von Todes wegen erwirbt

(Mitteilungspflicht, § 74a FGG i.V.m. § 1640 BGB). Den Eltern wird in einem solchen Fall also amtlich »auf die Finger geschaut«.

3. Die Ausschlagungsfrist beachten!

Das Erbe kann frühestens nach dem Todesfall ausgeschlagen werden. Mit dem Todestag und der Kenntnis von der Erbschaft beginnt eine Frist von sechs Wochen. Nach dieser Frist ist eine Ausschlagung nicht mehr möglich. Allerdings beginnt die Frist erst dann zu laufen, wenn der Erbe Kenntnis von dem Tod des Erblassers (§ 1944 Abs. 2 Satz 1 BGB) und davon, dass er Erbe geworden ist, erhält.

Sechs-Wochen-Frist

Wenn der Erbe durch *Verfügung von Todes wegen* (also durch *Testament* oder *Erbvertrag*) berufen wurde, beginnt die Frist nicht vor der Verkündung der Berufung (§ 1944 Abs. 2 Satz 2 BGB). Die Verkündung der Berufung ist die Eröffnung des Testaments durch das Nachlassgericht. Im Normalfall beginnt die Frist dann also mit dem

Termin, wenn der Erbe beim Nachlassgericht selbst anwesend oder wirksam vertreten war, sonst sobald er die Mitteilung des Nachlassgerichts über die Eröffnung der Verfügung von Todes wegen erhält.

Die Ausschlagungsfrist verlängert sich auf sechs Monate, wenn entweder der Erblasser im Ausland gewohnt hat oder sich der Erbe im Ausland befand

Verlängerung der Ausschlagungsfrist

4. Was ist ein vorläufiger Erbe?

Unabhängig davon, ob der Erbe allein oder mit anderen Personen zusammen als Erbe berufen ist, bis zur Annahme oder Ausschlagung ist der Erbberechtigte vorläufiger Erbe.

Also solcher genießt er besonderen Schutz. Zum Beispiel sind Zwangsvollstreckungsmaßnahmen wegen Nachlassverbindlichkeiten nur in den Nachlass und noch nicht in das Eigenvermögen des vorläufigen Erben möglich. Gleichzeitig ist auch die Zwangsvollstreckung wegen Schulden des vorläufigen Erben in den Nachlass nicht möglich.

Besonderer Schutz

Ein vorläufiger Erbe hat noch die Möglichkeit, das Erbe und damit alle Rechte und auch Pflichten (also z.B. auch die Schulden des Erblassers) wieder loszuwerden. Dazu muss er das Erbe ausschlagen.

5. Wie kann eine Erbschaft ausgeschlagen werden?

Die Ausschlagung ist durch mündliche Erklärung gegenüber dem Nachlassgericht zu erklären (§§ 1944 ff. BGB). Das Nachlassgericht ist das Amtsgericht am Wohnort des Erblassers. In Baden-Württemberg werden die Aufgaben des Nachlassgerichts von den Bezirksnotariaten wahrgenommen.

Mündliche Erklärung

Für die Erklärung der Ausschlagung vor dem Nachlassgericht ist persönliches Erscheinen erforderlich. Es genügt also weder ein einfacher Brief an das Nachlassgericht, noch ein Telefonanruf. Wenn Sie nicht in der Nähe des zu-

Persönliches Erscheinen

Erklärung beim Notar

ständigen Nachlassgerichts (am Wohnort des Erblassers) leben, dann müssen Sie die Ausschlagung bei einem (beliebigen) Notar erklären, der diese Erklärung dann beglaubigen und an das zuständige Nachlassgericht weitergeben wird. Falls Sie selbst die Versendung der Ausschlagung nach der Beglaubigung durch den Notar übernehmen, sollten Sie darauf achten, dass auf jeden Fall das Original Ihrer Erklärung versandt wird (und nicht etwa eine beglaubigte Abschrift davon, die Ihnen der Notar eventuell für Ihre Akten ausstellt). Zur Sicherheit sollte die Übersendung mit Einschreiben erfolgen. Achten Sie unbedingt auf die exakte Einhaltung der Formvorschriften, ansonsten können Sie der Erbschaft nicht entrinnen. Eine Ausschlagung ist jedoch immer ohne jede Angabe von Gründen möglich.

Übersendung per Einschreiben

6. Achtung: Sie müssen an die eigenen Kinder denken!

Bei Überschuldung Ausschlagung für minderjährige Kinder

Nach der Ausschlagung würden die eigenen Kinder Erben werden, wenn sie nicht ausdrücklich vom Erblasser enterbt worden sind. Wenn die Erbschaft also überschuldet ist, dann müssen für die minderjährigen Kinder die Eltern (Erziehungsberechtigten) gemeinsam auch das Erbe für die Kinder ausschlagen (§ 1643 Abs. 2 BGB). Die Ausschlagung darf nicht auf einen Teil des Erbes beschränkt werden. Die Ausschlagung ist also grundsätzlich nur für das gesamte Erbe möglich.

7. Ausschlagung ist nicht mehr möglich nach Annahme

Annahme durch entsprechendes Verhalten

Die Ausschlagung ist nicht mehr möglich, wenn die Erbschaft angenommen worden ist. Das gilt auch, wenn die Sechs-Wochen-Frist für die Ausschlagung noch nicht abgelaufen ist. Die Annahme der Erbschaft muss niemandem gegenüber ausdrücklich erklärt werden und es bedarf dazu auch keiner besonderen Form. Es genügt, dass aus dem Verhalten des Erben sein Wille ersichtlich ist, dass er die Erbschaft annimmt. Dazu gehört etwa der Verkauf von

Nachlassgegenständen. Denn durch ein solches Verhalten kommt zum Ausdruck, dass der Erbe die Erbschaft so behandelt, als ob sie ihm gehört.

Allerdings darf man beispielsweise eine Apfelernte an die Mosterei liefern, damit diese nicht verfault. Oder auch das Telefon im Haushalt des Erblassers abmelden. Denn dies sind Handlungen, die nur Schaden von dem Nachlass abwenden sollen und die als Fürsorgehandlungen noch keinen Annahmewillen erkennen lassen.

Fürsorge-handlungen drücken keine Annahme aus

8. Besonderheiten bei der Ausschlagung des Erbes

Schwierigkeiten treten in folgenden Fällen auf: Der Erblasser hatte die deutsche Staatsbürgerschaft, aber seinen ständigen Wohnsitz im Ausland. Dann muss man natürlich nicht nach Singapur, um beim dortigen Nachlassgericht seine Ausschlagungserklärung abzugeben. Für solche Fälle wurde per Gesetz das Amtsgericht Berlin-Schöneberg für zuständig erklärt. Dorthin schickt man dann seine Ausschlagungserklärung. Man kann für diese erste Möglichkeit natürlich auch einen Bevollmächtigten, in der Regel einen Rechtsanwalt, einschalten. Allerdings braucht der Bevollmächtigte eine vom Notar beglaubigte Unterschrift, d.h., eine einfache Vollmacht reicht nicht aus. Man muss also mit der Vollmacht zum Notar gehen, diese dort beglaubigen lassen und dann dem Bevollmächtigten übersenden.

Wohnsitz im Ausland

Wenn sich kein Erbe findet oder alle Erben wegen der Überschuldung des Nachlasses ausgeschlagen haben, dann ist der Staat gesetzlicher Erbe (§ 1936 BGB). Der Staat erbt als »Privatperson«, d.h. als die juristische Person »Fiskus«. Der Staat ist »Zwangserbe« und kann nicht enterbt werden (§ 1938 BGB). Und der Staat kann die auf ihn fallende Erbschaft nur dann ausschlagen (§ 1942 Abs. 2 BGB), wenn er testamentarisch neben anderen als Erbe eingesetzt wurde. Grund für diese Regelung ist, dass das Erbe nicht herrenlos werden soll, sondern jemand die Ab-

Der Staat als gesetzlicher Erbe

wicklung des Nachlasses durchführen lassen muss. Und das geschieht dann durch die Organe des Staates.

Damit der Staat nicht wehrlos den Schulden des Erblassers ausgeliefert ist, müssen die Interessen des Staates auch gewahrt werden (§§ 1966, 2011 BGB und § 780 Abs. 2 ZPO). Das Gesetz räumt dem Staat im Hinblick auf dessen Zwangssituation das Recht der beschränkten Erbenhaftung ein. Das bedeutet: Der Staat haftet auch für Schulden nur mit dem Nachlass. Ist dieser erschöpft, dann haftet er nicht mehr.

Beschränkte Haftung des Staates

9. Die Anfechtung der Ausschlagung

Für die Anfechtung der Ausschlagung gilt die Sechs-Wochen-Frist. Die Anfechtung ist gegenüber dem Nachlassgericht zu erklären. Zuständig ist das Nachlassgericht an dem Ort, an dem der Verstorbene zuletzt seinen Wohnsitz hatte. Die Ausschlagung erfolgt entweder durch eine Erklärung, die vom Nachlassgericht zu Protokoll genommen wird. Die Erklärung wird von einer dazu befugten Urkundsperson des Nachlassgerichts öffentlich beglaubigt. Sie haben aber auch die Möglichkeit, die Erklärung gegenüber einem Notar zur Niederschrift abzugeben. Dieser hat dann die Aufgabe, die Erklärung an das Nachlassgericht weiterzuleiten.

Formalien wie bei Ausschlagung

Die Ausschlagung kann auch angefochten werden. Das kommt dann in Frage, wenn nach der Erbausschlagung noch bisher unbekannte Vermögenswerte auftauchen und das Erbe plötzlich doch werthaltig wird. Anfechtungsgründe sind also z.B., wenn noch Nachlassgegenstände von Wert gefunden werden wie eventuell ein Ferienhaus oder bislang unbekannte Lebensversicherungen oder Konten. Manchmal erweisen sich auch Schulden als bereits abgegolten oder der Erbe hat sich z.B. geirrt, als er eine Ausschlagung zugunsten seiner Nachkommen vornehmen wollte. In einem solchen Fall kann die Erbausschlagung innerhalb von sechs Wochen ab Bekanntwerden der Gründe angefochten und die Erbschaft doch noch angetreten werden

Besonders unübersichtlichen Nachlässen kann die Anfechtung wiederum angefochten werden. Hier urteilen die Gerichte aber unterschiedlich in der Frage, ob bei einer erneuten Anfechtung wieder eine Frist von sechs Wochen gilt, oder ob die zweite Anfechtung unverzüglich erfolgen muss.

Anfechtung der Anfechtung

Bei beiden Anfechtungsarten muss der Erbe beweisen, dass er die Vermögensverhältnisse nicht kannte. Deshalb ist es in jedem Fall ratsam, dass der Erbe vor Ausschlagung eines Nachlasses den eigenen Kenntnisstand schriftlich festhält und dieses Schriftstück bei einem Notar hinterlegt. Manchmal deutet sich dieser Fall schon an: Wenn nämlich ein Prozess mit Gläubigern bereits vor Gericht anhängig ist. Dann sollte der Kenntnisstand auf jeden Fall dokumentiert werden.

Beweis der Unkenntnis der Vermögensverhältnisse

In dem Zeitraum, in dem der echte Erbe noch nicht feststeht, kann die Notwendigkeit vorläufiger Maßnahmen bestehen. Es kann z.B. sein, dass der Keller eines Hauses überflutet wird oder verderbliche Ware, z.B. in einem Obst- und Gemüsehandel, verkauft werden muss. Dann hat der potentielle Erbe das Recht, darüber zu entscheiden. Hat er das Erbe bereits endgültig ausgeschlagen und man findet keinen Erben zweiter oder dritter Ordnung, der die Sache rechtzeitig in die Hand nehmen könnte, wird vom Nachlassgericht ein Nachlasspfleger eingesetzt, der Sofort-Maßnahmen treffen darf.

Vorläufige Maßnahmen

10. Welche Kosten durch die Ausschlagung auf Sie zukommen

In den meisten Fällen wird eine Erbschaft wegen Überschuldung des Nachlasses ausgeschlagen. Dann werden Notar und Nachlassgericht nur Mindestgebühren ansetzen.

Mindestgebühren bei Überschuldung

Diese betragen:

- für den Entwurf der Erklärung und die Beglaubigung der Unterschrift durch einen Notar: 10 Euro.
- Dazu kommen noch Kopierkosten von 0,50 Euro pro Seite, wenn Abschriften gewünscht werden, und Portokosten sowie die Umsatzsteuer.
- Alternativ wenn die Erklärung direkt zu Protokoll des Nachlassgerichts abgegeben wird: 10 Euro, aber keine Umsatzsteuer
- und in jedem Fall weitere 10 Euro für die Entgegennahme der Erklärung durch das Nachlassgericht.

Gebühren bei bewusster Ausschlagung von Guthaben

Werden bewusst Guthaben ausgeschlagen, etwa weil man beabsichtigt, dass das Erbe direkt auf die eigenen Kinder übergeht, betragen die Gebühren bei der Ausschlagung eines Nachlasses von beispielsweise 100.000 Euro bei Notar und Nachlassgericht zusammen gerechnet ca. 130 Euro. Dieses Beispiel wird angeführt, um einen Eindruck davon zu verschaffen, dass bei einer Ausschlagung kaum untragbare Kosten anfallen. In jedem Fall wird das Notariat Ihrer Wahl zunächst gerne erläutern, welche Kosten anfallen werden.

Gemeinsamer Notartermin

In den allermeisten Fällen wird eine Erbschaft ausgeschlagen, weil der Nachlass überschuldet ist. In dem meisten Fällen handelt es sich auch um die gesetzliche Erbfolge (also ohne vorhandenes Testament). Wenn Sie als Ausschlagender Kinder haben, werden diese an Ihrer Stelle Ersatzerben. Da jede Ausschlagung beim Notar (inklusive Umsatzsteuer) ca. 15 Euro und beim Nachlassgericht für die Entgegennahme weitere 10 EUR kostet, kann nicht unerheblich gespart werden, wenn möglichst viele Ausschlagungserklärungen zusammen gefasst werden. Wenn es terminlich möglich ist, sollten Sie also möglichst zusammen mit Ihren Kindern zum Notar gehen. Sind Kinder (oder Enkel) minderjährig, müssen beide Elternteile für das Kind ausschlagen – und sollten daher mit zum Notar gehen.

Kapitel 12
Der Erbverzicht

Ein Erbverzicht ist eine vertragliche Verabredung zwischen Erblasser und gesetzlichem Erben zu Lebzeiten des Erblassers (§§ 2346 ff. BGB). Durch einen solchen Verzichtsvertrag verliert ein Erbe seine Rechte so vollständig, als hätte er sie nie gehabt.

Verzichtvertrag

Ein solcher Erbverzicht kann aus den unterschiedlichsten Gründen von beiden Parteien gewünscht werden. Oft kommt ein Erbverzicht in Frage, wenn ein gesetzlicher Erbe auf Ansprüche verzichten soll. Da eine Enterbung naturgemäß jederzeit möglich ist, wird ein Erbverzichtsvertrag in den seltensten Fällen isoliert, sondern in aller Regel in Kombination mit einem Pflichtteilsverzichtsvertrag abgeschlossen.

Ein Erbverzichtsvertrag wird dann zum Thema werden, wenn z.B. ein großes Grundstück oder ein Betrieb zusammen gehalten werden soll und dazu einzelne Erben vorzeitig abgefunden werden. Denn andernfalls müsste nach dem Erbfall im Wege der Teilungsversteigerung eventuell das Grundstück »versilbert« werden und das ist nur selten ohne Wertverlust möglich und liegt fast nie im Interesse des Erblassers, der es gut mit seinen Erben meint.

Zusammenhaltung des Erbes

Ein Fall für einen Erbverzichtsvertrag ist auch dann denkbar, wenn ein Erbberechtigter den anderen Erben nicht bekannt werden soll – eine Situation, die auch heute noch häufig bei nicht ehelichen Kindern vorliegt. Denn das nicht eheliche Kind lässt sich natürlich nur dann geheim halten, wenn es nach dem Tod des Erblassers seinen Erbanspruch nicht geltend zu machen braucht.

Verheimlichung nicht ehelicher Kinder

Für den Verzichtsvertrag ist die Form der notariellen Beurkundung zwingend vorgeschrieben (§ 2348 BGB). Wird die Form verletzt, dann ist der Vertrag nichtig. Üblicherweise verpflichtet sich der Erblasser in einem solchen Vertrag als Gegenleistung zur Zahlung eines Geldbetrages, der der Höhe nach meist so hoch ist wie ein Pflichtteilsan-

Zwingende notarielle Beurkundung

spruch, der aber sofort und nicht erst beim Erbfall ausgezahlt wird. Die Höhe einer eventuellen Abfindung ist aber reine Verhandlungssache. Einfluss kann das Alter und der Gesundheitszustand des Erblassers oder des Verzichtenden haben und die Tatsache, wie groß die finanzielle Leistungsfähigkeit des Erblassers ist und ob der Verzichtende vielleicht dringend Geld braucht

Ein Erbverzicht, also der Verzicht auf das gesetzliche Erbrecht führt dazu, das der Verzichtende bei der Erbfolge einfach nicht mitgezählt wird. Und zwar auch dann nicht, wenn es sich um die Berechnung von Pflichtteilen anderer, nicht verzichtender, Abkömmlinge des Erblassers handelt.

Besser einen Pflichtteilsverzicht vereinbaren

Da diese Folge meistens nicht gewollt ist, empfiehlt es sich regelmäßig, gar keinen Erbverzicht zu vereinbaren, sondern nur einen Verzicht auf das Pflichtteilsrecht. Das ändert zwar nichts am gesetzlichen Erbrecht des Verzichtenden, aber dieses kann ja anschließend einfach durch eine Verfügung von Todes wegen beseitigt werden, die in den meisten Fällen ohnehin errichtet wird.

1. Die Wirkung des Erbverzichts für Abkömmlinge

Der Erbverzicht wirkt auch für die Abkömmlinge des Verzichtenden, wenn das nicht ausdrücklich ausgeschlossen wird (§ 2349 BGB). Das heißt, auch diese sind nach dem Tod des Verzichtenden von der Erbfolge ausgeschlossen und können keine Erb- oder Pflichtteilsansprüche gegen den Nachlass geltend machen.

2. Die Erhöhung des Erbteils bei Wegfall eines gesetzlichen Erben

Wie eben dargestellt, kann durch Ausschlagung, durch Verzicht, aber auch durch den Tod ein Erbe ausscheiden. Wenn an seine Stelle nicht andere treten – weil z.B. keine Kinder oder sonstigen Erben vorhanden sind –, dann ist zu fragen, was mit dem Erbteil dieses Erben geschieht. Die Antwort ist: der Erbteil des bzw. der anderen Erben erhöht sich (§ 1935 BGB)Im Ergebnis heißt das, dass dieser Erbteil für sich betrachtet wird – er kann getrennt von anderen ausgeschlagen werden und ist getrennt von anderen möglicherweise mit Vermächtnissen oder Auflagen belastet.

Getrennte Ausschlagung des zusätzlichen Erbteils

Kapitel 13
Wenn der Nachlass überschuldet ist

Mit dem Erbfall gehen auch alle Schulden und sonstige Verbindlichkeiten des Erblassers auf den Erben über. Das bedeutet, dass der Erbe für die Schulden des Erblassers notfalls auch mit dem eigenen Vermögen haftet. Wählt also ein Erbe die Annahme der Erbschaft und stellt sich dann heraus, dass der Nachlass überschuldet ist, müsste der Erbe vom Prinzip her auch für die Schulden in vollem Umfang gerade stehen.

Haftung mit dem eigenen Vermögen

Tipp

Allerdings kann ein Erbe diese umfangreiche Haftung vermeiden indem er die Haftung auf den Nachlass beschränkt (vgl. S. 129 ff.). Wenn dies gelingt, hat das zur Folge, dass der Erbe wenigstens aus dem eigenen Vermögen nichts mehr zuschießen muss.

Haftungsbeschränkung veranlassen

Um diese Haftungsbeschränkung erreichen zu können, ist es erforderlich, entweder eine Nachlassverwaltung oder eine Nachlassinsolvenz (siehe S. 129 f.) zu beantragen oder die Dürftigkeitseinrede (siehe S. 130) zu erheben.

Tipp

Wenn (noch) ungewiss ist, ob eine Überschuldung des Nachlasses vorliegt oder nicht, kann ein Antrag auf Nachlassverwaltung (siehe S. 129) gestellt werden. Zuständig ist das Nachlassgericht.

Antrag auf Nachlassverwaltung stellen

Das Nachlassgericht ist eine Abteilung des Amtsgerichts, die Nachlassverfahren behandelt. In Baden-Württemberg übernehmen die Bezirksnotare die Aufgaben des Nachlassgerichts. Es ist immer das Amtsgericht am Wohnsitz des Erblassers zuständig.

1. So ermitteln Sie die Nachlassverbindlichkeiten

Manchmal wissen die Erben nicht, bei wem der Erblasser noch Schulden zu begleichen hatte. gerade bei Handwerksbetrieben, kleineren Unternehmen oder bei Privatleuten, die in mehreren Bereichen tätig waren, kann dies vorkommen.

Öffentliche Aufforderung an unbekannte Gläubiger

1.1 Aufgebotsverfahren

Dann kann ein so genanntes Aufgebotsverfahren die Lösung sein. Ein Aufgebotsverfahren ist eine öffentliche Aufforderung an die Gläubiger, ihre Forderungen anzumelden. Das Verfahren wendet sich nicht an die Gläubiger, die bereits bekannt sind, weil sie z.B. durch das Pfandrecht oder eine Hypothek bereits verzeichnet sind. Der Erbe ist verpflichtet ein Aufgebotsverfahren durchzuführen und er muss Schadensersatz leisten, wenn er kein Aufgebotsverfahren durchführt und ihm nachgewiesen werden kann, dass er von anderen Verbindlichkeiten etwas ahnte. Der Vorteil für den Erben besteht in dem Überblick, den er so gewinnt. Außerdem muss er bekannte Gläubiger erst nach Ende des Aufgebotsverfahrens bezahlen.

Fünf-Jahres-Frist für Gläubiger

Die Gläubiger, die sich im Aufgebotsverfahren nicht melden, können ihre Forderung zwar noch insgesamt fünf Jahre geltend machen, aber der Erbe kann in diesem Fall Forderungen, deren Summe den Nachlass übersteigen, ablehnen. Die Haftung ist also auf den Nachlass begrenzt. Das Nachlassgericht führt das Aufgebotsverfahren auf Antrag des Erben durch. Dieser sollte sich durch einen Rechtsanwalt beraten lassen.

1.2 Nachlassverzeichnis

In Fällen, in denen sowohl der Gläubiger als auch der Erbe oder auch nur einer von beiden daran interessiert sind, einen Überblick über die Gegenstände zu bekommen, die zum Erbe gehören, bietet es sich an, ein Nachlassverzeich-

nis anzulegen. Der Gesetzgeber nennt dieses Nachlassverzeichnis auch »Inventar«.

Der Erbe hat die Möglichkeit das Inventar aus eigener Ini-
tiative einzurichten. Außerdem kann jeder Gläubiger vom
Nachlassgericht verlangen, dass der Erbe innerhalb einer
bestimmten Frist das Inventar erstellen soll. Diese Frist
beträgt ein bis drei Monate.

Der Erbe darf das Inventar nicht alleine erstellen, sondern
muss dies mit der Hilfe eines Notars oder eines Gerichts-
vollziehers tun. Welche »Amtsperson« hinzugezogen werden muss, hängt von den Bestimmungen des jeweiligen
Bundeslandes ab. Wenn der Gläubiger dies verlangt, ist der
Erbe auch verpflichtet eidesstattlich zu versichern, dass er
nach bestem Wissen und Können alle Nachlassgegenstände angegeben hat.

Kann dem Erben nachgewiesen werden, dass er bewusst
falsche Angaben gemacht hat oder lässt er gar die vom
Nachlassgericht gesetzte Frist verstreichen, ohne das Inventar abzugeben, so hat dies für ihn schlimme Konsequenzen: Er haftet dann den Nachlassgläubigern gegenüber auch mit seinem persönlichen Vermögen, kann also
die Haftung nicht mehr auf den Nachlass beschränken.

1.3 Drei-Monats-Einrede

Das Bürgerliche Gesetzbuch sieht vor, dass der Erbe in
den ersten drei Monaten nach Annahme der Erbschaft
keine Leistungen erbringen muss. Diese Regelung hat
den Sinn, dass der Erbe sich erst einmal einen Überblick
über das Vermögen verschaffen soll. Die Rechtsprechung
hat diese Bestimmung aber stark ausgehöhlt, da sie nur
eine Zwangsvollstreckung zugunsten des Gläubigers aus-
schließt.

2. Die Beschränkung der Haftung auf den Nachlass

2.1 Nachlassverwaltung

Das Erbe kann auch durch einen Nachlassverwalter verwaltet werden. In diesem Fall verliert der Erbe das Recht, über die Nachlassgegenstände zu verfügen. Eine Nachlassverwaltung kann aus zwei Gründen durchgeführt werden. Entweder der Erbe meint, genug geerbt zu haben, um alle Verbindlichkeiten zu begleichen. Er möchte sich aber nicht darum kümmern und überträgt diese Aufgabe einem Nachlassverwalter. Oder aber der Gläubiger beantragt die Nachlassverwaltung, weil er fürchtet, dass das Erbe überschuldet ist oder dass der Erbe verschwenderisch mit dem Geld umgeht.

Der Nachlassverwalter begleicht Rechnungen

Der Nachlassverwalter bekommt ebenfalls eine Vergütung, die das Nachlassgericht festsetzt. Bei kleineren Nachlässen muss man mit einem Betrag von drei bis fünf Prozent des Nachlasswertes, bei größeren Nachlässen mit ein bis zwei Prozent rechnen. Es gibt keine feste Kostentabelle für diese Vergütung. Der Zeitaufwand und die Komplexität der Aufgaben sind weitere Faktoren, die bei der Vergütung berücksichtigt werden. Die Kosten müssen aus dem Nachlass bezahlt werden, der Erbe haftet jedoch nicht mit seinem persönlichen Vermögen. Falls die Nachlassverwaltung mehr kostet als im Aktivvermögen noch enthalten ist, muss das Nachlassgericht die Nachlassverwaltung wieder aufheben. Die Haftungsbeschränkung des Erben bleibt bestehen.

Honorar des Nachlassverwalters

2.2 Nachlassinsolvenz

Wenn sich die Überschuldung des Nachlasses als sicher herausstellt, muss der Erbe einen Antrag auf Eröffnung des Nachlassinsolvenzverfahrens stellen. Hier besteht sogar eine gesetzliche Pflicht. Unterbleibt die Antragsstellung, trotz Kenntnis oder fahrlässiger Nichtkenntnis, so macht sich der Erbe gegenüber den Gläubigern schadensersatzpflichtig. Ein Nachlassinsolvenzverfahren ist übrigens mit erheblichen Kosten verbunden. Stellt sich heraus, dass der Nachlass voraussichtlich nicht ausreichen wird,

Zwingender Antrag des Erben auf Eröffnung des Nachlassinsolvenzverfahrens

um die Kosten des Verfahrens zu decken, wird das Verfahren gar nicht erst eröffnet. In diesem Fall haftet der Erbe auch dann nur mit dem Nachlassvermögen.

Das Insolvenzgericht wird nach Antragstellung erst einmal überprüfen, ob eine Überschuldung vorliegt. Falls nicht genügend Wert vorhanden ist, um das Insolvenzverfahren bezahlen zu können, wird das Nachlassgericht die Eröffnung des Insolvenzverfahrens ablehnen. Der entsprechende Gerichtsbeschluss dient als Nachweis für die so genannte Unzulänglichkeit des Nachlasses.

Tipp

Korrektes Nachlassverzeichnis

Festzuhalten ist, dass der Erbe keinen Verlust macht, wenn er das Inventar (siehe S. 127 f.) korrekt erstellt hat. Dann verliert er zwar das Erbe, muss aber keinen Cent aus seinem persönlichen Vermögen »zuschießen«.

2.3 Dürftigkeitseinrede

Tritt der Fall ein, dass das existierende Nachlassvermögen so gering ist, dass weder die Nachlassverwaltung noch das Nachlassinsolvenzverfahren gedeckt sind, so kommt der Gläubiger zum Zug, der sich zuerst um eine Begleichung seiner Schulden kümmert. Mit einem Insolvenzeröffnungsbeschluss kann ein Erbe jedoch gegenüber den Gläubigern mit dem Hinweis auf die zu geringe Erbmasse die so genannte Dürftigkeitseinrede erheben. Er wird also von der Verpflichtung frei, die Nachlassschulden zu bezahlen. In klaren Fällen, wenn also der Nachlass eindeutig überschuldet ist und nur ganz geringe oder gar keine Aktiva vorhanden sind, wird der Erbe noch nicht einmal den kostspieligen Insolvenzantrag stellen müssen.

Befreiung von der Verpflichtung zur Zahlung der Nachlassschulden

3.   Wann muss der Antrag gestellt werden?

Der Antrag auf Nachlassverwaltung oder Nachlassinsolvenz muss gestellt werden, sobald sich abzeichnet, dass der Nachlass überschuldet ist. Verzögert sich die Antragstellung, kann dies zu Schadenersatzforderungen der Gläubiger führen. Die Dürftigkeitseinrede wird gegenüber dem jeweiligen Gläubiger geltend gemacht.

Kapitel 14
Die Bedeutung der **Pflichtteils-** **ansprüche**

Immer dann, wenn ein gesetzlicher Erbe durch ein Testament oder einen Erbvertrag enterbt oder auf andere Weise sein Erbrecht beeinträchtigt wird, stellt sich die Frage, ob dieser Erbe ein Pflichtteilsrecht geltend machen kann. Diese Frage ist für den Erben aus zwei Gründen von großer Bedeutung. Zum einen müssen die Pflichtteilsansprüche vom Erben befriedigt werden. Und zum anderen können Pflichtteilsansprüche eine sehr hohe Belastung für die Erben darstellen.

Einen Pflichtteilsanspruch hat nur, wer im Falle gesetzlicher Erbfolge Erbe geworden wäre. Zu jedem Pflichtteilsanspruch gehört eine Enterbung. Manche Erben, die in einem engen Verhältnis zum Erblasser standen und die der Erblasser vollständig oder teilweise enterbt hat, sollen nach dem Willen des Gesetzgebers nicht ganz leer ausgehen. Sie können einen Pflichtteilsanspruch geltend machen. Das ist ein Anspruch gegen den oder die Erben auf Zahlung eines Geldbetrages. Nicht jeder enterbte gesetzliche Erbe kann einen Pflichtteilsanspruch geltend machen. Berechtigt sind nur besonders enge Verwandte, nämlich die Kinder (und weiteren Abkömmlinge), die Eltern und der Ehepartner.

Pflichtteils- anspruch für gesetzliche Erben

Die Höhe des Pflichtteils macht rechnerisch die Hälfte des Wertes des gesetzlichen Erbteils aus.

Der Pflichtteil wird vor allen Dingen in zwei verschiedenen Situationen bedeutsam:

- Wenn einzelne oder mehrere gesetzliche Erben auf Grund eines Testaments oder eines Erbvertrages ihr Erbrecht verlieren.

- Wenn sich der Wert eines Erbteils oder eines Pflichtteilsanspruchs durch Schenkungen des Erblassers zu Lebzeiten vermindert hat.

Der erste Aspekt des Pflichtteils ist relativ bekannt – der zweite Aspekt des Pflichtteilsrechts, der im Zusammenhang mit dem so genannten Pflichtteilsergänzungsanspruch bedeutsam wird, ist bei Erben und übrigens auch Erblassern überraschend selten bekannt.

 Das Pflichtteilsrecht kann immer dann eine Rolle spielen, wenn die Erbrechte oder Pflichtteilsrechte einzelner (gesetzlicher) Erben durch Maßnahmen des Erblassers beeinträchtigt wurden. Aus diesem Grund müssen Sie als Erbe sich mit diesem Thema beschäftigen.

1.   Wer pflichtteilsberechtigt ist

Zunächst ist zu klären, wem überhaupt Pflichtteilsansprüche zustehen können. Das Pflichtteilsrecht beschränkt sich – wie bereits erwähnt – auf die nächsten Angehörigen. Nur die Abkömmlinge des Erblassers, seine Eltern und sein Ehepartner kommen in Betracht, ferner der gleichgeschlechtliche Lebenspartner, wenn eine eingetragene Lebenspartnerschaft nach dem Lebenspartnerschaftsgesetz besteht. Zu den Abkömmlingen gehören die Kinder, Enkel, Urenkel und so weiter, außerdem auch nicht eheliche und adoptierte Kinder, soweit sie erbberechtigt sind.

Gleichgeschlechtliche Lebenspartner können pflichtteilsberechtigt sein

Stiefkinder und Stiefeltern gehören wegen des fehlenden Verwandtschaftsverhältnisses nicht dazu.

Auch weiter entferntere Verwandte wie Geschwister, Onkel, Tanten, Neffen, Nichten oder der nicht eheliche Lebensgefährte sind nicht pflichtteilsberechtigt.

1.1 Voraussetzungen des Pflichtteilsanspruchs

Nur wer auch tatsächlich als gesetzlicher Erbe erben würde, kann pflichtteilsberechtigt sein. Wer zu der Gruppe der Berechtigten gehört, jedoch von einem vor ihm in der Linie stehenden Verwandten vom Erbe ausgeschlossen wird, wird nicht gesetzlicher Erbe und kann dann auch keine Pflichtteilsansprüche geltend machen.

> **Beispiel**
> Das Enkelkind wird nicht Erbe seines Großvaters, solange der Elternteil lebt, über den es mit dem Großvater verwandt ist. Es kann dann auch keinen Pflichtteilsanspruch geltend machen.

Die Erbberechtigung und damit auch der Anspruch auf einen Pflichtteil kann auch beim Ehepartner fehlen. Der Ehepartner verliert sein Erbrecht, wenn in einem laufenden Scheidungsverfahren die Scheidungsvoraussetzungen vorliegen. Auch im Hinblick auf den Ehepartner können Sie also davon ausgehen, dass dieser nur dann einen Pflichtteilsanspruch hat, wenn er auch ein Erbrecht hätte.

Verlust der Pflichtteilsberechtigung bei laufendem Scheidungsverfahren

Die Gleichstellung der nicht ehelichen Kinder ist auch im Hinblick auf das Pflichtteilsrecht gegeben. Es gibt allerdings eine vom Gesetzgeber vorgesehene Ausnahme. So haben nicht eheliche Kinder, die vor dem 1.7.1949 geboren wurden, kein Erbrecht und konsequenter Weise auch keinen Pflichtteilsanspruch.

1.2 Kein vorzeitiger Erbausgleich mehr für nicht eheliche Kinder

Bis zum 31.3.1998 konnten sich nicht eheliche Kinder für ihren Erbanspruch vorzeitig abfinden lassen. Sie hatten einen Anspruch auf Zahlung eines Geldbetrags zur Abgeltung sämtlicher künftiger Erbansprüche. Etwas anders galt nur, wenn bis zu diesem Zeitpunkt entweder über den Erbausgleich eine wirksame Vereinbarung zwischen Vater und Kind getroffen wurde oder der Erbausgleich durch ein rechtskräftiges Urteil zuerkannt wurde.

Seit dem 1.4.1998 gibt es diesen Anspruch nicht mehr, da zu diesem Zeitpunkt die vollständige Gleichberechtigung nicht ehelicher Kinder neben ehelichen Kindern vom Gesetzgeber in Kraft gesetzt wurde.

Gleichberechtigung nicht ehelicher und ehelicher Kinder

2. So wird der Wert des Pflichtteilsanspruchs ermittelt

Vor der Berechnung des Pflichtteilsanspruches steht die Bewertung des Nachlasses. Erst danach kann unter Berücksichtigung der Erbquote der Wert des Anspruches ermittelt werden. Diese beiden Schritte müssen nacheinander durchgeführt werden.

2.1 Erster Schritt: Die Bewertung des Nachlasses

Es ist gar nicht so einfach, das zum Tag des Erbfalls vorhandene Vermögen zu bewerten, da der Nachlass in den seltensten Fällen nur aus Bargeld bestehen wird. An dieser Stelle soll nur ein grober Überblick gegeben werden, da es sich dabei vor allen Dingen um ein Thema handelt, das den Erben angeht.

Verkehrswert bei Grundstücken und Mietshäusern

- Grundstücke werden grundsätzlich mit dem Verkehrswert zum Zeitpunkt des Erbfalls angesetzt und nicht etwa mit dem Anschaffungswert oder gar dem Einheitswert. Verkehrswert ist der bei einer Veräußerung voraussichtlich erzielbare Preis. Bei allen bebauten Grundstücken und eigengenutzten gilt grundsätzlich das Sachwertverfahren. Dabei wird allerdings danach unterschieden, ob ein Grundstück zu Wohnzwecken oder anderen Zwecken genutzt wird und wie viele Wohnungen sich auf dem Grundstück befinden.
- Bei Mietshäusern wird der Verkehrswert durch das so genannte Ertragswertverfahren ermittelt. Dieses stellt auf die erzielte Rendite ab.
- Bei unbebauten Grundstücken wird der Verkehrswert durch einen Vergleich mit ähnlichen Grundstücken ermittelt. Die Daten können beim zuständigen Gutachterausschuss für Grundstückswerte abgefragt werden, der Bodenrichtwerte ermittelt.
- Wertpapiere werden mit dem Kurswert zum Zeitpunkt des Erbfalls angesetzt.
- Gehören zum Nachlass Unternehmensanteile, sind diese ebenfalls nach ihrem Verkehrswert zu bewerten.

Bei dieser Darstellung erkennt man rasch, dass die Ermittlung des Wertes eine problematische Angelegenheit sein kann, da Wertermittlungen zu durchaus unterschiedlichen Ergebnissen kommen können.

In der Regel stellt sich dieses Problem in den Verhandlungen zwischen Erben und Pflichtteilsberechtigten. Auf diese Verhandlungen hat der Erblasser naturgemäß wenig Einfluss. Weder die Erben noch die Pflichtteilsberechtigten sind verpflichtet, Wertangaben des Erblassers zu akzeptieren. Die Pflichtteilsberechtigten und Erben haben naturgemäß unterschiedliche Interessen – die einen wünschen sich einen möglichst hohen Wert des Nachlasses, weil ihr Anspruch auf ein Bruchteil des Nachlasswertes in Geld gerichtet ist, die anderen einen möglichst niedrigen Nachlasswert, weil sie einen gegen den Nachlass gerichteten Anspruch in Geld erfüllen müssen. Darin steckt ein erhebliches Konfliktpotenzial.

Mögliche Probleme zwischen Erben und Pflichtteilsberechtigten

Wenn keine Einigung zwischen den Erben und den Pflichtteilsberechtigten gefunden wird, kann ein Sachverständiger beauftragt werden, den Wert zu ermitteln. Die Kosten des Sachverständigen müssen in der Regel vom Erben getragen werden.

Beauftragung eines Sachverständigen

Um Streit zwischen Erben und Pflichtteilsberechtigten zu vermeiden, kann es sich dem Erblasser anbieten, den künftigen Nachlass selbst zu bewerten und zu versuchen, mit Pflichtteilsberechtigten eine Einigung bereits zu Lebzeiten zu finden. Die Pflichtteilsberechtigten können dann unter Umständen bewegt werden, zu Lebzeiten des Erblassers notariell zu beurkundende Verzichtsverträge abzuschließen. Gegen Verzicht auf den Pflichtteilsanspruch erhalten diese dann eine Geldsumme versprochen. Wann diese bezahlt werden soll (also zur Zahlung fällig gestellt wird) ist Verhandlungssache. Für manche Pflichtteilsberechtigten kann es attraktiv sein, vorzeitig zu Geld zu kommen. Diese werden dann wahrscheinlich auch einen Abschlag in Kauf nehmen. Andere, deren Anspruch eher in der Zukunft und gegebenenfalls zeitlich auch deutlich nach dem Erbfall fällig werden soll, werden weniger oft einen Ab-

Vorzeitige Auszahlung des Pflichtteilsberechtigten

schlag akzeptieren. In solchen Fällen kann es helfen eine
Einigung zu erreichen, wenn den Erben eine Sicherheit
angeboten wird.

Fehlt es an solchen Vorkehrungen des Erblassers kann es
zu erheblichen Streitigkeiten unter den Erben aber auch
mit Pflichtteilsberechtigten kommen.

Abzüge vom Nachlasswert Vom Nachlasswert sind in jedem Fall die Nachlassverbindlichkeiten abzuziehen. Das sind Geldschulden und
möglicherweise die Ansprüche des überlebenden Ehegatten auf seinen Zugewinnausgleichsanspruch, wenn und
soweit dieser geltend gemacht wird. Außerdem werden die
weiteren so genannten Kosten des Erbfalls abgezogen, wie
z.B. Beerdigungskosten usw. Ebenfalls abgezogen wird
der Voraus (vgl. S. 65).

Nicht abgezogen werden Vermächtnisse (vgl. S. 77 ff.) und
Auflagen (vgl. S. 81 ff.), da es ja sonst der Erblasser damit
in der Hand hätte, den Pflichtteil zu senken. Das kann bei
aufwändigen Vermächtnissen oder Auflagen dazu führen,
dass der Pflichtteilsanspruch rechnerisch im Vergleich
zum Wert eines Erbteils einen respektablen Wert erreicht.

2.2 Zweiter Schritt: Die Höhe des Pflichtteils-anspruchs

Die Höhe des Pflichtteils errechnet sich aus dem Wert des
Erbteils. Aus dem Nachlasswert muss also zunächst der
Wert des Erbteils ermittelt werden.

Erbquote: Wieviel hätte der Pflicht-teilsberech-tigte als Erbe erhalten? Wenn Sie in einem ersten Schritt erfolgreich die Höhe des
Nachlasses ermitteln konnten, werden Sie in einem zwei-
ten Schritt die Erbquote ermitteln müssen, die der Pflichtteilsberechtigte erhalten hätte, wenn er Erbe geworden
wäre. Ist die Erbquote bekannt, dann steht auch der Wert
des (gesetzlichen) Erbteils fest. Daraus lässt sich dann der
Wert des Pflichtteils errechnen. Der Wert des Pflichtteils
beträgt die Hälfte des Wertes des gesetzlichen Erbteils.

3. Achtung: Verjährung

Wenn ein Anspruch verjährt ist, dann kann sich der Schuldner weigern, den Anspruch zu erfüllen. Beim Pflichtteilsanspruch bedeutet das, dass die Erben nach Ablauf der Frist die Auszahlung des Pflichtteils verweigern können.

Die Verjährungsfrist für Pflichtteilsansprüche beträgt drei Jahre. Die Verjährungsfrist beginnt zu laufen mit dem Zeitpunkt, an dem der Pflichtteilsberechtigte vom Erbfall und von dem Testament oder dem Erbvertrag erfährt, durch den sein gesetzlicher Erbanspruch beeinträchtigt wird – also im Normalfall mit der entsprechenden Post vom Nachlassgericht. Erhält ein Pflichtteilsberechtigter von den Voraussetzungen seines Pflichtteilsanspruchs gar keine Kenntnis, verjährt der Anspruch nach 30 Jahren.

Drei-Jahres-Frist bei Kenntnis des Anspruchs

Der Ablauf der Verjährung kann durch verschiedene Maßnahmen verhindert werden. Wenn der Ablauf der Verjährung droht und die Erben den Anspruch nicht freiwillig erfüllen wollen, müssen Sie den Pflichtteilsanspruch gegebenenfalls mit der Hilfe eines Anwalts gerichtlich verfolgen, um den Eintritt der Verjährung zu hemmen.

Gerichtliche Verfahren hemmen die Verjährung

Über das Recht, sich auf Verjährung zu berufen, kann man Vereinbarungen treffen. Wenn der Schuldner dem Gläubiger verbindlich zusichert, für einen bestimmten Zeitraum auf die Einrede der Verjährung zu verzichten, dann ist der Schuldner daran gebunden.

Wird ein Pflichtteilsberechtigter in möglicherweise lange Verhandlungen verwickelt, wird dieser daran denken müssen, dass eine Verjährung drohen kann. Vor diesem Hintergrund bietet es sich an, rechtzeitig anwaltliche Hilfe zu Rate zu ziehen, um zu überprüfen, ob tatsächlich ein Rechtsverlust droht und um unter Umständen den Eintritt der Verjährung zu verhindern.

4. Pflichtteilsansprüche und Stundung

Der Pflichtteilsanspruch muss auf Verlangen des Erben unter bestimmten Voraussetzungen gestundet werden.

Schutz bei hohen Pflichtteilsansprüchen

Voraussetzung für die Stundung ist, dass »die sofortige Erfüllung des gesamten Anspruchs den Erben wegen der Art der Nachlassgegenstände ungewöhnlich hart treffen, insbesondere wenn sie ihn zur Aufgabe seiner Familienwohnung oder zur Veräußerung eines Wirtschaftsguts zwingen würde, das für den Erben und seine Familie die wirtschaftliche Lebensgrundlage bildet.« Eine weitere Voraussetzung ist, dass die Stundung dem Berechtigten bei Abwägung der Interessen beider Teile zumutbar ist.

Zumutbarkeit

Dadurch wird bereits ein gewisser Schutz des Erben vor den unter Umständen hohen Zahlungsverpflichtungen geschaffen, die die Erfüllung von Pflichtteilsansprüchen mit sich bringen.

Ein Erblasser hat zu Lebzeiten kaum eine Möglichkeit, den Erben über diesen Rahmen hinaus vor den Pflichtteilsansprüchen zu schützen. Die einzige Möglichkeit ist die Pflichtteilsentziehung, die nur in engen Grenzen möglich ist (vgl. S. 144 ff.). Im Übrigen kommt nur ein Vertrag mit dem Pflichtteilsberechtigten in Betracht.

5. Was sind Pflichtteilsergänzungsansprüche?

Wenig bekannt sind Pflichtteilsergänzungsansprüche. Es handelt sich um Ansprüche, die entstehen können, wenn durch Schenkungen vor dem Erbfall der Nachlass vermindert wird.

Schutz vor Aushöhlung des Pflichtteilsanspruches durch vorzeitige Schenkungen

Der Pflichtteilsergänzungsanspruch ist geschaffen worden, um Erbberechtigte in einem gewissen Umfang vor Schenkungen des Erblassers zu schützen. Er soll verhindern, dass der Erblasser durch unentgeltliche Zuwendungen die Pflichtteilsansprüche vor seinem Tod aushöhlt.

Wer enterbt wurde und durch die vorhergehenden Schenkungen des Erblassers nur einen geringeren Pflichtteilsanspruch erhielte, der kann einen Ausgleich verlangen. Dieser Ausgleichsanspruch richtet sich grundsätzlich gegen den Erben. Wenn der Erbe diesen Anspruch nicht befriedigen kann, dann richtet sich dieser Anspruch auch gegen den Beschenkten. Allerdings haftet der Beschenkte nur insoweit, als er den geschenkten Vermögensteil noch besitzt. Wenn er dieses Geschenk wieder verloren hat – es ihm vielleicht gestohlen wurde –, dann haftet der Beschenkte nicht mehr.

Der Pflichtteilsergänzungsanspruch gilt nur für einen Zeitraum von zehn Jahren. Liegen Schenkungen länger als zehn Jahre vor dem Erbfall, dann bleiben diese außen vor und können keinen Pflichtteilsergänzungsanspruch auslösen.

Begrenzung der Gültigkeit auf zehn Jahre vor dem Todesfall

Einen Tipp kann man zukünftigen gesetzlichen Erben geben, die wissen, dass sie enterbt sind: Führen Sie Buch über Schenkungen des Erblassers. Denn sollte irgendwann einmal der Erbfall eintreten und liegt die Schenkung noch nicht länger als zehn Jahre zurück, so könnte es sein, dass Ihnen ein so genannter Pflichtteilsergänzungsanspruch zusteht oder Sie sogar das Geschenkte herausverlangen können.

Buchführung über Schenkungen

Sehr problematisch wird die Berechnung des Pflichtteilsergänzungsanspruchs, wenn der Pflichtteilsberechtigte selbst zu den Beschenkten gehört. Das Gesetz geht von dem Grundsatz aus, dass sich die Schenkung nicht zu seinen Gunsten auf die Berechnung des Pflichtteils auswirken darf. Er muss sich die Schenkung vom Ergänzungsanspruch abziehen lassen.

Pflichtteilsergänzungsansprüche verjähren übrigens immer innerhalb von drei Jahren. Diese Frist beginnt mit dem Erbfall und zwar unabhängig von der Kenntnis des Berechtigten.

Drei-Jahres-Frist bei Verjährung

6. Was sind Pflichtteilsrestansprüche?

Soweit jemand als Erbe durch testamentarische Verfügung eingesetzt wird, der zum Kreis der Pflichtteilsberechtigten nach dem Gesetz gehört, sein zugewandtes Erbteil aber geringer ausfällt, als sein Pflichtteil wert wäre, so steht diesem Erben gegen die anderen Erben ein so genannter Pflichtteilsrestanspruch in Höhe der Differenz zu. Das ist ein Thema, das zunächst einmal den Pflichtteilsberechtigten interessiert. Für den Erblasser spielt der Pflichtteilsrestanspruch aber auch eine Rolle. So kann der Erblasser zu Lebzeiten einem gesetzlichen Erben, der z.B. eine gesetzliche Erbquote von 1/4 hätte, seinen Erbteil nicht dadurch nehmen, indem er diesen zu einer Erbquote von beispielsweise 1/100 einsetzt. Eine solche »Erbeinsetzung« bedeutet faktisch eine fast vollständige Enterbung. Aus diesem Grund hat der Erbe neben seinem Anteil am Erbe von 1/100 außerdem einen Pflichtteilsrestanspruch von (1/8 abzüglich 1/100).

Mindestquote von 1/8 des Erbes

7. Die »wohlmeinende Pflichtteilsbeschränkung«

Wenn ein gesetzlicher Erbe nach Auffassung des Erblassers einen Hang zur Verschwendungssucht hat, dann hilft eine Enterbung nur zum Teil weiter. Denn auch wenn der betreffende Erbe enterbt wird, steht ihm unter Umständen immer noch ein Pflichtteilsanspruch zu, der die anderen Erben zu belasten droht. Oft stellt sich dann die Frage, ob der Pflichtteil nicht doch entzogen werden kann.

Maßnahmen bei Verschwendungssucht des künftigen Erben

Der Gesetzgeber hat den Sachverhalt so präzise und unmissverständlich auf den Punkt gebracht, dass man den Text fast wortwörtlich zitieren kann: Immer dann, wenn sich ein »Abkömmling in solchem Maße der Verschwendung ergeben (hat) oder … er in solchem Maße überschuldet (ist), dass sein späterer Erwerb erheblich gefährdet wird, so kann der Erblasser das Pflichtteilsrecht des Abkömmlings durch die Anordnung beschränken, dass nach dem Tode des Abkömmlings dessen gesetzliche Erben das ihm Hinterlassene oder den ihm gebührenden Pflichtteil als Nacherben oder als Nachvermächtnisnehmer nach dem Verhältnis ihrer gesetzlichen Erbteile erhalten sollen. Der Erblasser kann auch für die Lebenszeit des Abkömmlings die Verwaltung einem Testamentsvollstrecker übertragen; der Abkömmling hat in einem solchen Falle Anspruch auf den jährlichen Reinertrag. Ein solches Testament ist unwirksam, wenn zur Zeit des Erbfalls der Abkömmling sich dauernd von dem verschwenderischen Leben abgewendet hat oder die den Grund der Anordnung bildende Überschuldung nicht mehr besteht.«

Auf der Grundlage dieser Regelungen kann der Erblasser eine Verfügung treffen, den Erbteil und auch den Pflichtteil für die Erben des verschuldeten Abkömmlings zu erhalten.

Wenn Sie als Erbe von einer solchen »wohlmeinenden Pflichtteilsbeschränkung« betroffen sind, dann ist Ihnen dringend zu raten, anwaltlichen Rat zu konsultieren.

8. Die Anrechnung von Zuwendungen auf den Pflichtteilsanspruch

Auch Geschenke zu Lebzeiten können später einmal für Unfrieden sorgen. Vor diesem Hintergrund sollte ein Erblasser sich zu Lebzeiten Gedanken über die Anrechnung von Zuwendungen auf den Pflichtteilsanspruch machen.

Wer als Pflichtteilsberechtigter noch zu Lebzeiten des Erblassers Vermögenswerte zugewendet bekommen hat, muss sich diese nicht auf sein Pflichtteil anrechnen lassen. Dies ändert sich allerdings, wenn das bei der Zuwendung so bestimmt wird. Das Gesetz sieht dann vor, dass sich ein Pflichtteilsberechtigter Zuwendungen auf seinen Pflichtteilsanspruch anrechnen lassen muss. Der Erblasser hat also im Rahmen von Zuwendungen an Personen, die zu seinen gesetzlichen Erben zählen, die Möglichkeit, Einfluss auf den Erbfall entstehenden Pflichtteil zu nehmen, wenn er diese nicht als Erben einsetzen will.

Keine Anrechnung von zu Lebzeiten erhaltener Vermögenswerte

**Schriftliches
Festhalten
einer Anrech-
nung**

Damit es über die Frage, ob eine solche Bestimmung zum Zeitpunkt der Zuwendung erfolgte, keinen Streit gibt, ist dem Erblasser zu empfehlen, diese Bestimmung schriftlich festhalten – ein besonderes Formerfordernis etwa die Form der notariellen Beurkundung gibt es aber nicht. Am besten ist es, wenn der Beschenkte dies schriftlich in einer Quittung anerkennt, z.B.: »Ich bestätige, von meinem Vater heute eine Geldschenkung von 40.000 Euro erhalten zu haben mit der Bestimmung, diese auf einen eventuellen Pflichtteil anzurechnen.«

**Keine nach-
trägliche
Erklärung im
Testament**

Ganz wichtig: Sie können in einem späteren Testament eine solche Bestimmung nicht nachträglich erklären. Die Bestimmung muss im Zeitpunkt der Zuwendung erfolgen. Der Grund für diese Regelung ist, dass der Beschenkte die Möglichkeit haben soll, das Geschenk zurückzuweisen, wenn mit der Anrechnung kein Einverständnis bestehen sollte.

Die Berechnung der Anrechnung klingt kompliziert: Das Geschenk wird rechnerisch zum Nachlass hinzugezählt. Dann wird der Wert des Pflichtteilsanspruchs aus dem erhöhten Nachlass ermittelt und der Wert der Zuwendung abgezogen. Ein Beispielsfall soll dies verdeutlichen:

Beispiel

Huberta Frankenstein hat zwei Kinder, die zauberhafte Adelheid und den kantigen Knut. Adelheid wird als Alleinerbin eingesetzt. Huberta hinterlässt einen Nachlass von 70.000 Euro. Sie hatte ihrem Sohn Knut zu Lebzeiten einen Geldbetrag von 25.000 Euro mit der Bestimmung zugewendet, dass er sich diesen Betrag anrechnen lassen muss. Der für die Berechnung der Anrechnung maßgebliche Nachlasswert beträgt also (70.000 Euro + 25.000 Euro) 95.000 Euro. Der gesetzliche Erbteil wäre daran die Hälfte, der Pflichtteilsanspruch beträgt ein Viertel, also 23.750 Euro. Adelheid erbt also die 70.000 Euro, ohne einen Pflichtteilsanspruch von Knut erfüllen zu müssen. Durch die geschickt platzierte Schenkung zu Lebzeiten war es Huberta also gelungen, ihre Erbin Adelheid davor zu schützen, nach ihrem Ableben Geldzahlungen an den enterbten Sohn Knut leisten zu müssen.

Anhand dieses Beispiels wird deutlich, dass durch eine Schenkung mit Anrechnungsbestimmung zu Lebzeiten die Erben gegen Pflichtteilsansprüche geschützt werden können.

Schutz der Erben gegen Pflichtteilsansprüche

Kapitel 15
Wann droht dem Erben der Entzug des Pflichtteils?

Wenn sich Abkömmlinge anders entwickeln, als sich der Erblasser vorgestellt hat, hilft die klassische Enterbung nur begrenzt weiter. Gelegentlich verschlimmert sie sogar noch die Situation für die verbleibenden Erben. Denn in der Folge einer Enterbung können Pflichtteilsansprüche entstehen. Dabei handelt es sich – wie bereits dargestellt (vgl. S. 132 ff.) – um einen Anspruch auf Zahlung eines Geldbetrages. Die Höhe der Zahlung hängt vom Nachlasswert und von der Erbquote ab. Bei einer Familie mit zwei Kindern, bei der ein Elternteil stirbt, steht einem enterbten Kind ein Pflichtteilsanspruch von einem Achtel des Nachlasswertes zu. Angenommen, der wesentliche Nachlassgegenstand wäre ein Haus im Werte von 400.000 Euro, dann wäre eine Pflichtteilszahlung von 50.000 Euro zu leisten. Eine Zahlung in einer solchen Höhe überfordert oft die liquiden Mittel einer Erbengemeinschaft. Im Beispielsfall müsste wahrscheinlich das Haus verkauft werden. Vor diesem Hintergrund stellt sich oft die Frage, ob eine Pflichtteilsentziehung möglich ist.

1. Wann eine Pflichtteilsentziehung möglich ist

Ein Erblasser hat durchaus die Möglichkeiten, einem Pflichtteilsberechtigten seinen Pflichtteilsanspruch zu nehmen. Dabei können auch die Eltern und der Ehepartner die Ansprüche auf den Pflichtteil verlieren. Der Gesetzgeber hat allerdings die Fälle abschließend aufgezählt, in denen die Entziehung des Pflichtteils des Abkömmlings gerechtfertigt ist. Dabei sind die Hürden jedoch hoch gelegt.

Hohe Hindernisse

Die genauen Voraussetzungen für die Entziehung des Ehegattenpflichtteils können Sie nachfolgend dem Gesetzestext entnehmen. Wegen der erheblichen praktischen

Bedeutung wird ausnahmsweise der Gesetzestext abgedruckt.

BGB § 2333 Entziehung des Pflichtteils eines Abkömmlings

Der Erblasser kann einem Abkömmling den Pflichtteil entziehen:

1. *wenn der Abkömmling dem Erblasser, dem Ehegatten oder einem anderen Abkömmling des Erblassers nach dem Leben trachtet,*

2. *wenn der Abkömmling sich einer vorsätzlichen körperlichen Misshandlung des Erblassers oder des Ehegatten des Erblassers schuldig macht, im Falle der Misshandlung des Ehegatten jedoch nur, wenn der Abkömmling von diesem abstammt,*

3. *wenn der Abkömmling sich eines Verbrechens oder eines schweren vorsätzlichen Vergehens gegen den Erblasser oder dessen Ehegatten schuldig macht,*

4. *wenn der Abkömmling die ihm dem Erblasser gegenüber gesetzlich obliegende Unterhaltspflicht böswillig verletzt,*

5. *wenn der Abkömmling einen ehrlosen oder unsittlichen Lebenswandel wider den Willen des Erblassers führt.*

BGB § 2334 Entziehung des Elternpflichtteils

Der Erblasser kann dem Vater den Pflichtteil entziehen, wenn dieser sich einer der in § 2333 Nr. 1, 3, 4 bezeichneten Verfehlungen schuldig macht. Das gleiche Recht steht dem Erblasser der Mutter gegenüber zu, wenn diese sich einer solchen Verfehlung schuldig macht.

BGB § 2335 Entziehung des Ehegattenpflichtteils

Der Erblasser kann dem Ehegatten den Pflichtteil entziehen:

1. *wenn der Ehegatte dem Erblasser oder einem Abkömmling des Erblassers nach dem Leben trachtet,*

2. *wenn der Ehegatte sich einer vorsätzlichen körperlichen Misshandlung des Erblassers schuldig macht,*

3. *wenn der Ehegatte sich eines Verbrechens oder eines schweren vorsätzlichen Vergehens gegen den Erblasser schuldig macht,*

4. *wenn der Ehegatte die ihm dem Erblasser gegenüber gesetzlich obliegende Unterhaltspflicht böswillig verletzt.*

Die Entziehung des Pflichtteils kann nur durch eine letztwillige Verfügung, also durch ein Testament oder einen Erbvertrag erfolgen.

Pflichtteilsunwürdigkeit bei schweren Verfehlungen

Der Pflichtteilsanspruch ist jeweils verwirkt, wenn Pflichtteilsunwürdigkeit vorliegt. Eine solche Unwürdigkeit ist (nur) dann gegeben, wenn sich der Betroffene »schwere Verfehlungen« zu schulden kommen ließ, also einer der Tatbestände der oben wiedergegebenen gesetzlichen Regelungen verwirklicht ist.

Beweispflicht der Pflichtteilsunwürdigkeit liegt beim Erben

Wenn ein Erblasser den Versuch unternimmt, einem Angehörigen den ihm an sich zustehenden Pflichtteil zu entziehen, dann wird dieser Versuch oft scheitern, weil eben keine schweren Verfehlungen vorliegen oder aber nicht zu beweisen sind. Denn später müssen die Erben die Pflichtteilsunwürdigkeit beweisen, wenn jemand, dem der Erblasser den Pflichtteil entzogen hat, diesen trotzdem gegenüber den Erben geltend macht. Ich glaube, es braucht nicht viel Phantasie, um sich vorzustellen, dass diese Situation schon manche Familie für Generationen entzweit hat.

2. Feststellung der Pflichtteilsunwürdigkeit

Der einzige Weg für den Erblasser, sich der Wirksamkeit der Pflichtteilsentziehung zu Lebzeiten auch sicher sein zu können, ist der Gang vor Gericht und die gerichtliche Feststellung der Pflichtteilsunwürdigkeit. Der Erblasser muss auf Feststellung klagen, dass er entziehungsberechtigt ist. Wenn Sie als Erbe von einem solchen Gerichtsverfahren betroffen sind, ist Ihnen selbstverständlich der Gang zu einem im Erbrecht bewanderten Rechtsanwalt zu empfehlen.

Gerichtliche Feststellung

Wenn der Pflichtteil entzogen werden soll, dann muss unbedingt der Grund für die Entziehung des Pflichtteils im Testament genannt werden. Ein Beispiel für ein Testament, in dem der Pflichtteil wegen Unwürdigkeit entzogen wird:

Bedingung: Nennung des Grundes im Testament

Mein Testament:

Mein Sohn Fabian soll nichts von meinem Vermögen bekommen. Ich enterbe ihn hiermit. Erbe soll an seiner Stelle alleine meine Tochter Marion werden.

Ich möchte außerdem, dass Fabian auch keinen Pflichtteil bekommt. Denn er hat mir mit einem heimtückischen Mordanschlag, wegen dem er jetzt im Gefängnis sitzt, nach dem Leben getrachtet.

_____

(Ort), (Datum)

_____

(Unterschrift)

Gegen eine Enterbung kann sich der Betroffene kaum wehren, denn insoweit ist der Wille des Erblassers frei und nicht überprüfbar. Das sieht bei der Entziehung des Pflichtteils anders aus. Wie aus den Gesetzeszitaten deutlich wird, legt der Gesetzgeber die Schwelle für eine wirksame Entziehung eines Pflichtteils außerordentlich hoch. Im Beispielsfall dürften die Voraussetzungen allerdings gegeben sein, da ja im Strafverfahren bereits Beweis erhoben wurde. Fabian hätte nur die Möglichkeit den Nachweis zu führen, dass es sich bei dem im Testament festgehaltenen Willen gar nicht um den rechtlich relevanten Willen des Erblassers handelt. Dies wäre etwa dann der Fall, wenn das Testament gefälscht ist, wenn es nach diesem enterbenden Testament einen neuen letzten Willen gab oder wenn der Erblasser im Moment der Abfassung des Testaments z.B. wegen Senilität nicht mehr testierfähig war. Solche Zweifel an der Authentizität treten vor allem bei privatschriftlichen Testamenten auf.

3. Pflichtteilsanfechtung bei Erbunwürdigkeit

Wenn der Erblasser es versäumt hat, im Testament die Pflichtteilsentziehung zu erklären, dann muss ein Erbe noch mit der Pflichtteilsanfechtung rechnen. Diese kann vom Erben durchgeführt werden. Bei der Pflichtteilsanfechtung müssen die gleichen Voraussetzungen vorliegen wie bei der Erbunwürdigkeit.

Wie bereits dargestellt, liegen die Voraussetzungen, die der Gesetzgeber für die Erbunwürdigkeit vorgesehen hat, nur in äußerst seltenen und drastischen Fällen vor (vgl. S. 144 ff.).

4. Die Verzeihung

Unwirksamkeit der Pflichtteilsentziehung

Eine Verzeihung kann eine Pflichtteilsentziehung unwirksam machen. Wurde dem Betroffenen vor der Errichtung der Verfügung verziehen, so erlischt das Recht zur Entziehung des Pflichtteils. Wenn die Verzeihung nach der Errichtung der Verfügung von Todes wegen erfolgte, so wurde die den Pflichtteil entziehende Verfügung unwirksam. Soll dennoch der Pflichtteil entzogen werden, sollte eine weitere letztwillige Verfügung geschaffen werden.

Verzeihung ist ein Verhalten, durch das der Erblasser zum Ausdruck bringt, dass er die ihm zugefügte Kränkung nicht mehr als solche empfindet. Eine Form ist für die Verzeihung nicht vorgeschrieben.

Jedem Erben, der von einer Pflichtteilsentziehung bedroht ist und dem eine Verzeihung zu Teil wurde, ist dringend zu empfehlen, die entsprechende Verzeihung zu dokumentieren.

Tipp

Dokumentation der Verzeihung

5. Der Pflichtteilsverzichtsvertrag

Wie oben erläutert (vgl. S. 144 ff.), ist es nur unter engen Voraussetzungen möglich, einem gesetzlichen Erben per Testament nicht nur sein Erbrecht, sondern auch seinen Pflichtteilsanspruch zu entziehen. Ein Weg, um dieses Ergebnis zu erreichen, ist der so genannte Verzichtsvertrag, in dem sowohl das Erbrecht als auch der Pflichtteilsanspruch ausgeschlossen werden kann. Vertragspartner sind der Vererbende und der Erbberechtigte.

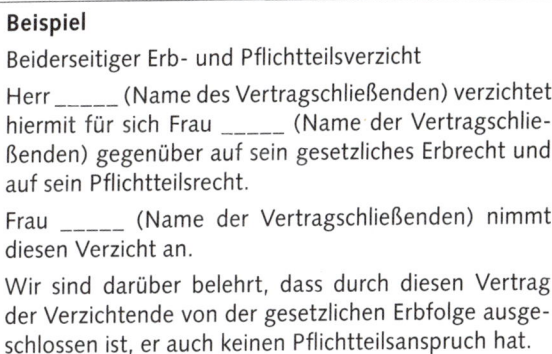

Beispiel

Beiderseitiger Erb- und Pflichtteilsverzicht

Herr _____ (Name des Vertragschließenden) verzichtet hiermit für sich Frau _____ (Name der Vertragschließenden) gegenüber auf sein gesetzliches Erbrecht und auf sein Pflichtteilsrecht.

Frau _____ (Name der Vertragschließenden) nimmt diesen Verzicht an.

Wir sind darüber belehrt, dass durch diesen Vertrag der Verzichtende von der gesetzlichen Erbfolge ausgeschlossen ist, er auch keinen Pflichtteilsanspruch hat.

Ein solcher Vertrag muss notariell beurkundet werden, um wirksam sein zu können. Die Verzichtserklärung gilt grundsätzlich auch für die eigenen Kinder und weiterer Abkömmlinge des Verzichtenden, es sei denn, es wäre ausdrücklich anders vereinbart worden. Häufig genügt es, wenn der Vertrag auf den Verzicht auf das Pflichtteilsrecht beschränkt wird (siehe oben S. 140 f.).

Gültigkeit des Verzichts auch für die Nachkommen

6. Der Pflichtteilsverzichtsvertrag mit nicht ehelichen Kindern

Ein Erb- und Pflichtteilsverzichtsvertrag kann sich auch als Lösung anbieten, wenn ein einzelner Erbberechtigter dem Rest der Familie nicht bekannt werden soll, etwa, weil er außerehelich gezeugt wurde. Diese Situation kommt auch heute trotz gelockerter Moralvorstellungen und stark erleichterter Scheidungsmöglichkeiten noch relativ häufig bei nicht ehelichen Kindern vor.

Es liegt auf der Hand, dass ein nicht eheliches Kind nur dann »geheim« bleiben kann, wenn es nach dem Tod des Erblassers seinen Erb- oder Pflichtteilsanspruch nicht geltend zu machen braucht.

Notarielle Beurkundung ist zwingend

Es sei noch einmal darauf hingewiesen, dass für den Verzichtsvertrag die Form der notariellen Beurkundung zwingend vorgeschrieben ist. Wird diese Formvorschrift verletzt, dann ist der Vertrag nichtig. Üblicherweise verpflichtet sich der Erblasser in einem solchen Vertrag als Gegenleistung zur Zahlung eines Geldbetrages, oft in der Höhe eines Pflichtteilsanspruchs, der sofort und nicht erst beim Erbfall ausgezahlt wird. Ein Pflichtteilsverzichtsvertrag kann für einen Erben bzw. Pflichtteilsberechtigten also nicht nur Nachteile haben. Neben dem bereits angesprochenen Aspekt einer (frühzeitigen) Geldabfindung kann oft durch einen solchen Vertrag zu Lebzeiten eine mögliche Belastung der Familie durch späteren Streit vermieden werden.

Kapitel 16
Bei Enterbung: So machen Sie Ihren Pflichtteilsanspruch geltend

Einen Pflichtteilsanspruch bekommt man nicht vom Nachlassgericht, vom Finanzamt oder sonst irgend einer Institution ausgezahlt. Man muss diesen Anspruch geltend machen. Es handelt sich – wie ausgeführt (S. 131) – um einen auf Geldzahlung gerichteten Anspruch. Schuldner dieses Anspruches ist der Erbe.

Der Erbe als Schuldner

1. Der Auskunftsanspruch

Ohne Kenntnis, wie wertvoll der Nachlass ist, kommen Sie nicht weiter. Denn nur, wenn Sie wissen, wie wertvoll der Nachlass ist, können Sie auch den Wert Ihres Erbteils ermitteln. Und nur dann können Sie überhaupt sagen, in welcher Höhe Sie Ihren Zahlungsanspruch geltend machen. Der Jurist sagt dazu: beziffern.

Vor der Bezifferung ist erst einmal der Erbe aufgefordert, über den Bestand des Nachlasses Auskunft zu erteilen. Diese Auskunftspflicht steht im Gesetz und kann notfalls gerichtlich erzwungen werden.

Gesetzliche Auskunftspflicht des Erben

Am Anfang jeder Auskunftserteilung steht erst einmal die Aufforderung des Pflichtteilsberechtigten an den Erben, Auskunft zu erteilen. Sie haben als Pflichtteilsberechtigter zunächst das Recht, dass ein Nachlassverzeichnis erstellt wird. Sie können auch verlangen, dass Sie bei der Erstellung des Verzeichnisses zugegen sind. Dabei können Sie sich beispielsweise von einem Rechtsanwalt, einem Steuerberater, einem Wirtschaftsprüfer oder einem anderen Berater begleiten lassen.

2. Der Musterbrief: Aufforderung zur Auskunftserteilung

Ferdinand Gottlieb
Eberhard-Fürchtegott-Weg 117a
71394 Rommelshausen

Frau
Sieglinde Sommer
Frühlingsstraße 15
70148 Stuttgart

Erbfall Fritz Gottlieb

hier: Pflichtteilsansprüche

Sehr geehrte Frau Sommer,

Sie sind durch Testament meines verstorbenen Vaters Alleinerbin geworden. Als einziges Kind steht mir ein Pflichtteilsanspruch zu.

Hiermit mache ich meinen Pflichtteilsanspruch geltend.

Sie sind zunächst verpflichtet, mir Auskunft über den Nachlass zu erteilen.

Ich schlage vor, dass wir am gemeinsam kommenden Montag, 08.00 Uhr ein Nachlassverzeichnisses erstellen werden. Ich bitte um eine kurze Terminsbestätigung oder um einen Alternativvorschlag.

Ich werde mich dabei von meinem Rechtsanwalt Herrn Dr. Peter Kalauer vertreten lassen.

Außerdem bitte ich darum, dass Sie die erforderlichen Unterlagen wie Bank- und Versicherungsdokumente, Grundbuchauszüge und Mietverträge bereit halten.

Mit freundlichen Grüßen

Ferdinand Gottlieb

3. Was auch verlangt werden kann

Als Pflichtteilsberechtigter können Sie auch verlangen, dass ein so genanntes amtliches Verzeichnis erstellt wird. Für die Erstellung amtlicher Verzeichnis sind in der Regel Notare zuständig. So regelt es das Gesetz. Als dieses im 19. Jahrhundert erlassen wurde, stellte das bewegliche Vermögen noch einen erheblichen, häufig den überwiegenden Wert des Nachlasses dar. Heutzutage ergibt sich der maßgebliche Nachlasswert meist aus Bankkonten oder der Bewertung von Immobilien oder Firmenanteilen. Der Notar kann nur auflisten, was ihm der auskunftspflichtige Erbe vorlegt. Wenn zuerst ein amtliches Verzeichnis vorliegt, hat der Pflichtteilsberechtigte dann aber keinen Anspruch mehr auf die Erstellung eines privaten Verzeichnisses, denn für das amtliche Nachlassverzeichnis gilt die größere Richtigkeitsvermutung. **Recht auf amtliches Verzeichnis**

Wenn der Pflichtteilsberechtigte vermutet, dass der Erbe das geforderte Verzeichnis nicht sorgfältig erstellt wurde, kann er fordern, dass der Erbe eine eidesstattliche Erklärung zur Vollständigkeit und Richtigkeit des Verzeichnisses abgibt. Dies ist in der Praxis viel häufiger und für den Pflichtteilsberechtigten wichtiger als die förmliche Aufnahme des Verzeichnisses durch einen Notar. **Eidesstattliche Erklärung des Erben**

Außerdem darf der Pflichtteilsberechtigte verlangen, dass der Wert des Nachlasses ermittelt wird. Dazu kann ein Gutachter bestellt werden, dessen Kosten zu Lasten des Erben gehen, denn er wird aus dem Nachlass bezahlt. Dies führt manchmal zu einem Einlenken des Erben. **Recht auf Ermittlung des Nachlasswertes**

Der Pflichtteilsberechtigte hat zwar Anspruch auf eine neutrale und kompetente Person, er kann aber den Gutachter nicht selbst beauftragen. Dies ist das Recht des Erben, der sich hüten muss, einen Parteigänger, also eine nicht neutrale Person, zu bestellen, denn wird ihm dies nachgewiesen, muss ein zweites Gutachterverfahren eingeleitet werden. **Kein Anspruch auf Beauftragung des Gutachters**

4.   Wenn keine Auskunft erteilt wird

Stufenklage
hemmt
Verjährung

Erhält der Pflichtteilsberechtigte gar keine Auskunft, kann er eine so genannte Stufenklage erheben. Er klagt in einem ersten Schritt um Auskunft zu erhalten, in einem zweiten Schritt klagt er seinen Pflichtteil ein. Denn den Pflichtteil kann er erst einklagen, wenn er weiß, wie hoch sein Anspruch ist. Solange ein solches Verfahren läuft, ist die Verjährungsfrist von drei Jahren gehemmt. Das bedeutet, dass der Prozess sich länger hinziehen kann, ohne dass der Pflichtteilsanspruch verjährt.

Kapitel 17
So geben Sie als Erbe über den Nachlass Auskunft

Die Auskunftserteilung sollte innerhalb einer angemessenen Frist nach Aufforderung schriftlich erfolgen. Da die eigentliche Auskunftserteilung kein Hexenwerk ist, benötigt man dazu noch nicht einmal einen Rechtsanwalt oder anderen Experten.

Schriftliche Auskunftserteilung

1. Was eine Auskunft alles umfassen muss

Ihre Auskunft muss sämtliche Nachlasswerte umfassen. Es bietet sich an, bereits bei der ersten Auskunftserteilung zu jedem einzelnen Nachlassgegenstand Angaben und Belege zum Wert beizufügen. Ich empfehle Ihnen zunächst folgende Gliederung:

Aktiva:

- Immobilien (also z.B. Grundstücke, Miteigentumsanteile, Wohnungseigentum, Wohnungseinrichtung)
- Mobilien (also Kontostände bei Banken auf Girokonten, Sparbüchern, Wertpapierdepots, Bargeld, Kraftfahrzeuge, Schmuck, Uhren, Bücher, Briefmarken und andere Sammlungen, andere Wertsachen)

Passiva:

- Schulden des Verstorbenen
- Kosten der Wertermittlung
- Begräbniskosten und andere Nachlassverbindlichkeiten

Zu jedem einzelnen Posten bietet es sich an, zusätzlich Angaben zu machen, die den Wert beeinflussen. Das ist bei einem Kraftfahrzeug beispielsweise der Hersteller, der Typ, das Baujahr, die Ausstattung, die Kilometerleistung, der Erhaltungszustand.

Bei einem Kraftfahrzeug kann man den Wert auch relativ kostengünstig durch Pkw-Sachverständige ermitteln (Namen finden Sie im Branchenbuch).

2.   Die Ermittlung des Nachlasswertes

Für die Ermittlung des Nachlasswertes gilt der Zeitpunkt des Erbfalles

Bei der Ermittlung des Nachlasswertes zählt der Wert, der zum Zeitpunkt des Erbfalles bestand. Etwaige Veränderungen, wie z.B. bei Wertpapieren durch steigende oder fallende Aktienkurse, bleiben unberücksichtigt. Wenn wir bei unserem Beispiel Aktienkurse bleiben, bedeutet dies, dass der Pflichtteilsberechtigte immer die gleiche Summe bekommt. Steigen die Aktien, so muss der Erbe nicht mehr bezahlen. Fallen die Aktien in der Zwischenzeit, kann er aber nicht auf Verluste verweisen, sondern muss den Wert zum Stichtag zu Grunde legen lassen.

Als Wert des Nachlasses gilt der so genannte Verkehrswert, der notfalls durch ein Sachverständigengutachten ermittelt werden muss. Persönliche Bewertungen des Erben oder steuerliche Bewertungen sind außer Acht zu lassen. Von diesem Wert, werden Verbindlichkeiten abgezogen. Auch kann der noch lebende Ehepartner einen Zugewinnausgleich verlangen, wenn dies vorher vereinbart wurde. Aus dem noch verbleibenden Betrag wird der Pflichtteil ermittelt.

3.   Der Musterbrief: Auskunftserteilung über den Bestand des Nachlasses

Absender

Adresse

_____ , den

Erbfall des Herrn _____

wegen Auskunftserteilung

Sehr geehrte Frau _____,

hiermit erteile ich Auskunft über den Bestand des Nachlasses zum Stichtag:

Immobilien:

> Gartengrundstück in der Schrebergartenkolonie
> »Kleines Glück«Größe ca. 230 qm mit Hütte, Grund-
> fläche ca. 9 qm.
>
> Anschaffung 1990 gemeinsam durch die Eheleute
>
> Verkehrswert zum Stichtag: 10.000 Euro
>
> Beleg: Beiliegende Schätzung des Gartenbauamts des
> Stadtteils _____
>
> Grundstück steht im Miteigentum beider Eheleute
>
> Anzusetzender Wert: 5.000 Euro

Gegenstände, die beispielsweise Reparaturkosten verursa-
chen, sind wertlos, wenn diese Kosten höher sind als der
Wert.

Tipp

Verhältnis
zwischen
Kosten und
Aufwand
beachten!

> **Beispiel**
>
> 1 Pkw Honda Civic,
>
> Baujahr 1988, 198.00 km Fahrleistung,
>
> Wert nach Dat Schwacke: 750 Euro
>
> Beleg: Beiliegende Schätzung des Sachverständigen
>
> _____
>
> Motor verbraucht Öl, Werkstatt vermutet einen de-
> fekten Kolbenring, nach Auskunft der Werkstatt über-
> steigen die erforderlichen Reparaturkosten der Wert
> des Fahrzeugs.
>
> Beleg: Kostenvoranschlag der Werkstatt Bruno Gänse-
> klein vom 12.12.2006 anzusetzender Wert: 0,00 Euro
> Der Pflichtteilsberechtigten wird angeboten, das Fahr-
> zeug ohne Anrechnung auf den Pflichtteilsanspruch zu
> übernehmen, wenn die Pflichtteilsberechtigte die Um-/
> Abmeldung und gegebenenfalls die Kosten der Über-
> führung bezahlen.

Kapitel 18
So wird das Erbe abgewickelt

Sobald durch die Erteilung eines Erbscheins feststeht, wer Erbe ist, stellt sich die Frage, wie es weitergeht. Es sind nun eine Reihe von Maßnahmen zu treffen. Diese müssen teilweise in einer bestimmten Reihenfolge abgehandelt werden. So liegt es beispielsweise auf der Hand, dass die Nachlassverbindlichkeiten wie z.b. Vermächtnisse usw. erfüllt werden müssen, bevor das Erbe unter den Erben geteilt werden kann.

1. Bei mehreren Erben: So vermeiden Sie Streit

Persönliche Treffen bereinigen . Konflikte

Besonders wichtig ist es, auftretende Uneinigkeiten möglichst im Ansatz zu bereinigen. In diesem Zusammenhang kann es bereits helfen, wenn bei sich anbahnenden Konflikten rechtzeitig auf die Gefahr einer Eskalation und die damit gegebenenfalls verbundenen Kosten hingewiesen wird. Auch wenn Erben beispielsweise über das ganze Bundesgebiet verteilt sind, sollten sich alle Erben mindestens einmal vor Ort treffen. Oft sind die Erinnerungen mancher Beteiligter an einzelne Wertgegenstände durch Zeitablauf nicht mehr besonders realistisch. Der vermeintlich wertvolle Biedermeierschrank entpuppt sich bei eigener Inaugenscheinnahme möglicherweise als wurmstichiges Möbel, das schnellstmöglich auf den Sperrmüll sollte.

Früh einen Rechtsanwalt um Beratung bitten

Trotz der damit verbundenen Kosten kann auch professionelle Hilfe helfen, dass weiterer Streit vermieden wird. Die Einschaltung eines Rechtsanwalts wird von vielen Menschen als Eskalationsstufe empfunden. Dabei hilft kompetenter Rat unrealistische von realistischen Vorstellungen abzugrenzen und angemessene und praktikable Lösungen zu erreichen.

2. Das Ziel: Die erfolgreiche Erbauseinandersetzung

Je nach Ausgestaltung eines Testaments ist es denkbar, dass eine Erbengemeinschaft auf längere Zeit Bestand hat. Soweit solche Vorgaben nicht zu beachten sind, sollte erfahrungsgemäß auf eine zügige Abwicklung des Erbes geachtet werden. Dazu gehört, dass lästige Aufgaben wie beispielsweise die Auskunftserteilung möglichst ohne zeitlichen Verzug erledigt werden. Dabei ist auch eine psychologische Komponente zu beachten. Wenn etwas besonders lange dauert, steigt auch der Erwartungsdruck, dass besonders viel dabei herauskommen muss. Durch beispielsweise eine rasche Auskunftserteilung kann der sich langsam aufbauende Erwartungsdruck manchmal bereits im Ansatz vermindert werden.

Zügige Abwicklung mindert Erwartungsdruck

Wichtig für eine erfolgreiche Erbauseinandersetzung ist, dass auch bei Kleinigkeiten sorgfältig vorgegangen wird. Wird beispielsweise die Zahlungspflicht aus einer geringen Stromrechnung unter den Erben versehentlich »ungerecht« aufgeteilt, dann ist die Zuversicht unter den vermeintlich oder tatsächlich Benachteiligten gering, dass bei »den großen Dingen« sorgfältig gearbeitet wird.

3. Was tun bei Streit in der Erbengemeinschaft?

Wie bei den meisten Streitigkeiten gelten auch in einer Erbengemeinschaft die Grundsätze, dass versucht werden sollte, durch Kommunikation die Streitfälle aufzuarbeiten. Bitte überfordern Sie sich dabei nicht. Leider sind gerade in Erbengemeinschaften oft langjährige »Vorgeschichten« vorhanden, die eine Konfliktlösung erschweren können. Eine gütliche Einigung zu erreichen, ist leider nicht in allen Fällen und mit allen Menschen möglich. Sollten Sie in einer solchen Situation stecken, hilft oft nur der Weg zu einem erfahrenen Anwalt.

»Vorgeschichten« belasten

3.1 Hilfestellung bei typischen Streitfällen

Transparenz schaffen

Oft entsteht Streit durch fehlende Transparenz. In Erbengemeinschaften gibt es häufig einen Erben, dem die Abwicklung im Wesentlichen überlassen wird. Wenn Sie diese Person sein sollten, ist Ihnen zu empfehlen, sorgfältig über Ihre Maßnahmen Protokoll zu führen. Einzelne Maßnahmen wie die Rücksprache mit Behörden, telefonisch erteilte Aufträge, Verabredungen mit einzelnen Miterben oder Nachlassgläubigern sollten am besten in Form eines »Tagebuches« festgehalten werden, damit sie im Nachhinein nachvollzogen werden können. In das Tagebuch sollten dann auch die entsprechenden Belege eingeordnet werden. Führen Sie eine To-do-Liste. Beteiligen Sie die anderen Erben an der Erstellung und Abarbeitung der To-do-Liste. Halten Sie alle anderen auf dem Laufenden über den Stand der Dinge.

Protokoll

Rundbrief

Bei aufkommenden Differenzen hilft manchmal die konsequente Information aller anderen Miterben bereits weiter. Ein persönliches Treffen oder auch nur eine Telefonkonferenz bereinigen Probleme bereits im Ansatz. Bei allen etwas bedeutsameren Angelegenheiten ist zu empfehlen, dass Absprachen, die getroffen wurden, in einer Art Rundbrief gegenüber allen mitzuteilen bzw. zu bestätigen.

3.2 Einschaltung von Fachleuten

So bald Sachverstand erforderlich ist, sollten entsprechende Fachleute eingeschaltet werden. Als verantwortliche Person verlieren Sie rasch an Autorität, wenn Ihnen Fehler unterlaufen, die Sie bei rechtzeitiger Konsultation von Beratern hätten vermeiden können.

3.3 Vermittlung durch nahe Angehörige

Vermittlung durch neutrale Personen

Kommt es zu Streit, dann prüfen Sie, ob die Vermittlung durch neutrale Personen möglich ist. Die direkte Konfrontation zweier »Streithähne« wird erfahrungsgemäß sofort aufgelöst, wenn ein Dritter hinzutritt. Das bedeutet zwar noch nicht, dass der Streit aus der Welt ist. Die Veränderung, die durch die dritte Person eintritt, ist aber manchmal ganz nützlich, um festgefahrene Positionen aufzulockern.

3.4 Wenn der Streit vor Gericht geht

Gestritten werden kann in Erbengemeinschaften viel. So gibt es beispielsweise Ansprüche auf Rechnungslegung, Auskunft, Herausgabe, Zahlung oder Unterlassung, über die es eine unterschiedliche Auffassung geben kann. Sobald die Eskalation so weit geraten ist, dass keine Einigung ohne Richter möglich erscheint, ist auch endgültig die Zeit gekommen, sich kompetenter anwaltlicher Hilfe zu versichern.

Ihr Anwalt kann nur so gut arbeiten, wie er informiert wird. Es empfiehlt sich, bereits zum ersten Beratungsgespräch beim Anwalt sämtliche Unterlagen und insbesondere eine Aufstellung über den Nachlass mitzubringen.

Vollständige Informationen des Anwalts

Eine Rechtsschutzversicherung zahlt übrigens in der Regel höchstens ein Beratungsgespräch. So bald das Mandat auf eine Geschäftstätigkeit gerichtet wird, bezahlt die Rechtsschutzversicherung nichts mehr. Klären Sie die Kostenfrage daher am Besten gleich zu Anfang Ihres Gespräches mit dem Anwalt.

4. Die Begleichung der Nachlassverbindlichkeiten

4.1 Vermächtnisse

Der Erblasser darf einer Person ein Vermächtnis zuwenden. Das bedeutet, dass die betreffende Person nicht Erbe wird, aber einen Vermögensvorteil erhält.

Der Begünstigte, von den Juristen der »Vermächtnisnehmer« genannt, kann nun die versprochenen Leistungen gegenüber dem Erben geltend machen. Aus was kann nun diese Leistung bestehen?

Es kann eine Sache, die übergeben oder eine Forderung, die eingelöst wird, sein. Es kann aber auch ein Recht sein, z.B. ein Wohnrecht. Manchmal erhält der Vermächtnis-

Beispiele für Leistungen

Beteiligung Dritter durch ein Verschaffungsvermächtnis nehmer auch einen Gegenstand, der eigentlich einem Dritten gehört. Dann spricht man von einem Verschaffungsvermächtnis, das der Dritte meist nur erfüllen wird, wenn er selbst aus dem Nachlass einen noch größeren Vorteil erhält. Manchmal wird dem Vermächtnisnehmer auch nur eine Schuld erlassen. Der Erbe muss diese Forderung dann anerkennen.

4.2 Auflagen des Erblassers

Von einer Auflage spricht man dann, wenn der Erbe sein Erbteil in jedem Fall erhält, aber noch um bestimmte Tätigkeiten, z.B. die Grabpflege, gebeten wird. Wer kann die **Kontrollmöglichkeiten** Einhaltung dieser Auflage kontrollieren? Hier vertraut der Gesetzgeber darauf, dass die Miterben, die eventuell weniger erhalten haben, schon auf der Einhaltung der Auflagen bestehen werden. Falls die Durchführung der Auflage im öffentlichen Interesse liegt, kann sich auch eine Behörde einschalten. Hier könnte man sich beispielsweise eine Spende an eine wohltätige Einrichtung vorstellen. Nicht nur Erben, auch Vermächtnisnehmer können natürlich Auflagen bekommen.

Kapitel 19
Die Belastung des Erben durch die Erbschaftsteuer

Die Besteuerung des Erbes durch den Staat ist nicht von vorn herein unproblematisch. Viele Steuerzahler empfinden es als ungerecht, dass der Staat Vermögen, das bereits (durch den Erblasser zu Lebzeiten) versteuert wurde, anlässlich des Erbfalls ein weiteres Mal besteuert. Als Jurist kann ich Ihnen an dieser Stelle leider nur den Rat geben, sich mit der geltenden Rechtslage abzufinden. Die Obergerichte haben die Verfassungsmäßigkeit der Erbschaftsteuer überprüft und bisher keinen Anlass gesehen, diese völlig abzuschaffen. Immerhin hat beispielsweise das Bundesverfassungsgericht bereits mehrfach regulierend eingegriffen und beispielsweise Steuergerechtigkeit eingefordert – zuletzt im Januar 2007. Inwieweit sich hier zukünftig noch weitere Veränderungen ergeben, ist naturgemäß nicht vorhersehbar.

Verfassungs-mäßigkeit der Erbschaft-steuer

Soweit Sie als (zukünftiger) Erbe auch bei der Gestaltung der Erbfolge eingeschaltet sind, möchte ich an dieser Stelle noch einmal dringend davon abraten, steuerrechtliche Erwägungen bei der Erbfolgeplanung allzu sehr in den Vordergrund zu stellen. Bei einem Großteil der in Deutschland anfallenden Erbschaften spielt die Erbschaftsteuer aufgrund der hohen Freibeträge keine nennenswerte Rolle. Die Erbschaftsteuer kommt in der Regel nur bei wohlhabenderen Erblassern ins Spiel oder wenn keine enge familiäre Beziehung zwischen dem Erblasser und dem Erben bestehen und daher keine oder nur niedrige Freibeträge geltend gemacht werden können.

Hohe Freibe-träge bei der Erbschaft-steuer

Die Erbschaftsteuer ist in Deutschland relativ niedrig. Die Tendenz in den letzten Jahrzehnten geht in Richtung einer moderaten Anhebung. Viele Jahre lang wurden Haus- und Grundstückseigentum, immerhin ein Bereich, in dem im Land der Häuslebauer der weit überwiegende Teil des Privatvermögens angelegt ist, zu äußerst günstigen Konditionen besteuert. Während beispielsweise Spareinlagen (Nennwert) oder Aktien (Kurswert) mit dem tatsächlichen (Verkehrs-)Wert angesetzt wurden, galt bei Haus- und Grundbesitz das 1,4fache des so genannten Einheitswerts längst vergangener Zeiten. Das hatte zur Folge, dass ein in den alten Bundesländern vererbtes oder verschenktes Einfamilienhaus, das vielleicht 200.000 Euro wert war, bei der Berechnung der Erbschafts- oder Schenkungsteuer bis zum 31.12.1995 nur mit einem Betrag von vielleicht 17.500 Euro berücksichtigt wurde. Diese günstige Besteuerung hatte wegen der Steuerfreibeträge zur Folge, dass Haus- und Grundbesitz grundsätzlich steuerfrei war und nur in Ausnahmefällen und bei extrem hohen Verkehrswerten tatsächlich besteuert wurde.

Günstigere Besteuerung von Grundstückswerten durch den Einheitswert

Die günstige Besteuerung von Schenkungen oder Erbschaften ist seit vielen Jahre Tradition in Deutschland. Aus diesem Grund gab es eine große Aufregung bei Grundstückseigentümern, als das Bundesverfassungsgericht entschied, dass im Bereich der Schenkung- und Erbschaftsteuer endlich die Steuergerechtigkeit verbessert werde müsse.

Stärkere Besteuerung von Häusern und Grundstücken

Seit dem 1.1.1996 werden Grundstücke und Häuser mit Beträgen bewertet, die dem tatsächlichen Verkehrswert, dem auf dem freien Markt erzielbaren Kaufpreis, näher kommen, als das früher bei der Heranziehung des steuerlichen Einheitswertes der Fall war. Der Gesetzgeber hat die Rahmenbedingungen der Besteuerung jedoch nur so vorsichtig verändert, dass unter dem Strich kaum eine Mehrbelastung für die meisten Steuerzahler herausgekommen ist. In der Praxis ist bei vielen Schenkungen oder Erbschaften sogar eine geringere steuerliche Belastung herausgekommen.

Übergangsregelung bis Ende 2008

Auch diese Regelung wurde mit Urteil vom 31.1.2007 für verfassungswidrig erklärt. Sie kann aber bis zu einer gesetzlichen Neuregelung, welche grundsätzlich für alle Nachlassgegenstände Verkehrswerte vorsehen muss, längstens bis Ende 2008 weiter angewandt werden. Es ist zu erwarten, dass bei der Neuregelung die vorhandenen

Freibeträge weiter angehoben werden, so dass zumeist keine sonderliche Mehrbelastung erfolgen wird.

Grundsätzlich spielt es von der steuerlichen Belastung her keine Rolle, ob eine Person etwas vererbt oder im Hinblick auf ein späteres Erbrecht im Wege der vorweggenommen Erbfolge geschenkt bekommt. Allerdings können solche Schenkungen zu Lebzeiten erhebliche steuerliche Vorteile haben. Denn im Steuerrecht gilt eine Zehn-Jahres-Frist. Zwar werden Schenkungen und Erbschaften beim Erbfall zusammen gerechnet. Die steuerliche Belastung einer begünstigten Person verändert sich also nicht, wenn sie kurz vor dem Erbfall einen Teil des Nachlasses vom Erblasser geschenkt bekommen hat. Das gilt jedoch nur für Schenkungen, die innerhalb von zehn Jahren vor dem Erbfall erfolgt sind. Wenn also langfristig geplant wird, werden die frühen Schenkungen, die vor der Zehnjahresfrist erfolgten, steuerlich separat behandelt. Auf diesem Wege fallen die Steuerfreibeträge erneut an und können auf diese Weise mehrfach ausgenutzt werden (vgl. S. 172).

Ausnutzung von Steuerfreibeträgen durch langfristg geplante Schenkungen

Im Folgenden werde ich Ihnen zunächst vier Schritte zur Ermittlung der steuerlichen Belastung vorstellen. Mit Hilfe dieser Schritte können Sie abschätzen, ob steuerliche Fragen für Ihren Fall überhaupt eine Rolle spielen.

1. Vier Schritte zur Ermittlung der steuerlichen Belastung

Der erste Schritt ist die Ermittlung der zutreffenden Steuerklasse. Danach muss in einem zweiten Schritt der Wert der Zuwendung ermittelt werden. Nicht in jedem Fall wird der Verkehrswert, der Preis des Gegenstandes bei einem Verkauf, angesetzt werden. Grundbesitz wird insbesondere bei selbstgenutzten Eigenheimen steuerlich immer noch sehr günstig bewertet. Nach dem so ermittelten Wert der Zuwendung müssen im dritten Schritt noch die verschiedenen Steuerfreibeträge ermittelt werden, bevor Sie in einem vierten Schritt den konkreten Steuersatz und damit auch die Höhe der Steuerschuld feststellen.

1.1 Erster Schritt: Die Ermittlung der Steuerklasse

Steuerliche Begünstigungen von Kindern und Ehepartnern

Für die Höhe der Steuer ist von großer Bedeutung, in welchem Verwandtschaftsverhältnis der Begünstigte zum Vererbenden oder Verschenkenden steht und ob er mit ihm verheiratet war. Es gilt der Grundsatz: Ehepartner und Kinder erben am billigsten. Ihnen stehen die geringsten Steuerquoten und die höchsten Steuerfreibeträge zu. Die Eltern, andere Verwandte oder der nicht eheliche Lebensgefährte müssen bei den gleichen Vermögenswerten erheblich mehr an das Finanzamt bezahlen. Alle Erwerber von Vermögen werden – je nach Verwandtschaftsgrad – vom Fiskus in drei Steuerklassen unterteilt. Hier die Steuerklassen im Überblick:

Steuerklassen im Überblick

Steuerklasse I	Ehegatten, Lebenspartner nach dem Lebenspartnerschaftsgesetz, Kinder und Stiefkinder, Enkel und Urenkel, Eltern und Großeltern bei Erwerben von Todes wegen
Steuerklasse II	Geschwister, Neffen und Nichten, Stiefeltern, Schwiegerkinder und -eltern, geschiedene Ehegatten, Eltern und Großeltern beim Erwerben durch Schenkung
Steuerklasse III	alle Übrigen, also z.B. nicht eheliche Lebenspartner und Freunde, andere Personen

Wenn Sie diese Tabelle betrachten, dann entdecken Sie darin auch den geschiedenen Ehepartner. Dieser gehört zwar nicht zu den gesetzlichen Erben, kann aber dennoch Erbe werden, wenn er beispielsweise in einem Testament als Erbe eingesetzt wurde. Grundsätzlich bewirkt schon der Scheidungsantrag, dass eine Erbeinsetzung des Ehepartners unwirksam wird.

1.2 Zweiter Schritt: Den Wert der Zuwendung ermitteln

Die Ermittlung des Wertes des Vermögens ist nicht ganz so einfach, wie es auf den ersten Blick scheint. Wie bereits erwähnt, wird ein Vermögensgegenstand nicht immer mit seinem Verkehrswert angesetzt.

Bei Grundstücken war früher vom 1,4fachen des so genannten steuerlichen Einheitswertes eines Grundstücks auszugehen. Diese Berechnung kam zu einem sehr günstigen, weil geringen Wert des Erwerbs, da der Einheitswert meist nur etwa 10 bis 20 Prozent des Verkehrswertes eines Grundstücks betrug.

Das Bundesverfassungsgericht hat die so genannte Einheitswertbesteuerung von Grundeigentum in einem Beschluss vom Herbst 1995 für verfassungswidrig erklärt, weil Erwerber von Grundstücken beispielsweise gegenüber Erwerbern von Aktien, Sparguthaben und anderen Vermögenswerten stark begünstigt wurden. Rückwirkend zum 1.1.1996 wird die Besteuerung von Grund und Boden anders durchgeführt. Man geht nunmehr von der erzielten oder erzielbaren Miete aus und ermittelt mithilfe eines Multiplikators den Grundstückswert.

Bei bebauten Grundstücken geht das Finanzamt von der Jahreskaltmiete aus, die entweder in den letzten drei Jahren vor der Erbschaft oder Schenkung für das Haus oder die Eigentumswohnung durchschnittlich erzielt wurde, oder die – wenn das Grundstück nicht oder sehr billig vermietet war – hätte erzielt werden können. Wenn tatsächlich keine oder nur wenig Miete gezahlt wurde, dann geht das Finanzamt von der ortsüblichen Vergleichsmiete aus, die ein normaler Mieter ohne Betriebskosten für das Haus oder die Eigentumswohnung an einen Vermieter hätte zahlen müssen. Der Betrag der Jahreskaltmiete wird mit dem Faktor 12,5 multipliziert. Man erhält so den unbereinigten Steuerwert.

Jahreskalt-miete als Berechnungs-grundlage

Beispiel

Eine 150 Quadratmeter große Eigentumswohnung hätte in den letzten drei Jahren für durchschnittlich 5,50 Euro pro Quadratmeter im Monat vermietet werden können. Diese Wohnung hätte einen Steuerwert von (150 qm x 5,00 Euro x 12 Monate x 12,5) 112.500 Euro.

Alterswertabschlag

Von diesem wird ein Alterswertabschlag vorgenommen. Dieser Alterswertabschlag beträgt für jedes Jahr, das von der Bezugsfertigkeit des Gebäudes bis zum Erbfall oder zur Schenkung vergangen ist, 0,5 Prozent. Maximal wird ein Alterswertabschlag von 25 Prozent vorgenommen.

Bei der 150 Quadratmeter großen Eigentumswohnung mit einem unbereinigten Steuerwert von 112.500 Euro, wäre bei einem Alter von 10 Jahren ein Abzug von (10 x 0,5) 5 Prozent vorzunehmen. Die Wohnung würde also nur noch mit 106.975 Euro angesetzt werden.

Besonderheiten bei Ein- und Zweifamilienhäusern

Bei Ein- und Zweifamilienhäusern gelten Besonderheiten. So werden auf den nach dem oben beschrieben Verfahren ermittelten Wert noch einmal 20 Prozent aufgeschlagen, weil die Grundstücke im Vergleich zu denen von Mietshäusern größer sind. Der ermittelte Wertansatz wird immer auf volle Tausender abgerundet.

Bodenrichtwert unbebauter Grundstücke

Der Steuerwert unbebauter Grundstücke ergibt sich aus den Kaufpreissammlungen der Gemeinde. Diese so genannten Bodenrichtwerte werden gesammelt und veröffentlicht. Dabei geht das Finanzamt von 80 Prozent des am 1.1.1996 geltenden Bodenrichtwerts aus.

> Ein 100 qm großes Grundstück, für das laut Boden-
> richtwertkarte am 1.1.1996 ein Grundstückswert von
> 100 Euro pro Quadratmeter galt, würde vom Finanz-
> amt mit (100 qm x 100 Euro x 80/100) 8.000 Euro
> angesetzt.

Die an die Gemeinden zu zahlende Grundsteuer wird auch
zukünftig mithilfe der günstigen Einheitswerte des alten
Steuerrechts ermittelt.

Günstige Einheits-werte bei der Grundsteuer

Wenn sich ein vererbtes oder verschenktes Haus auf einem
sehr großen oder sehr wertvollen Grundstück befindet,
dann führt die Bewertung nach der Jahreskaltmiete naturgemäß zu relativ geringen Grundstückswerten. In einem
solchen Fall behandelt das Finanzamt das Grundstück als
völlig unbebaut und errechnet den Grundstückswert aus
dem Bodenrichtwerten. Denn der Wertansatz für ein mit
Wohngebäuden bebautes Grundstück muss mindestens so
hoch sein wie der Wertansatz für ein unbebautes Grundstück gleicher Größe.

Wenn Sie der Meinung sind, dass der vom Finanzamt
ermittelte Wert überhöht und der tatsächliche Wert des
Grundstücks niedriger ist, dann müssen Sie gegen den
Steuerbescheid Einspruch einlegen, damit dieser nicht be-
standskräftig wird. Mit der Hilfe eines Gutachters können
Sie dann versuchen, zuerst das Finanzamt und notfalls das
Finanzgericht vom tatsächlichen und niedrigeren Grund-
stückswert zu überzeugen.

Tipp

Die Höhe der Erbschaftsteuer/Schenkungsteuer ist vom
Wert der jeweiligen Vermögensgegenstände abhängig.
Die Wertermittlung erfolgt je nach Art des Vermögensge-
genstandes sehr unterschiedlich. Nachfolgend werden die
Bewertungsvorschriften dargestellt, die vom Gesetzgeber
in § 13 ErbStG (Erbschafts- und Schenkungssteuergesetz)
für die unterschiedlichen Vermögensgegenstände verwendet werden:

Bewertungs-vorschriften

- Kapitalforderungen wie beispielsweise Darlehen, Sparguthaben werden mit dem Nennbetrag zum Stichtag

(Tag des Erbfalls) angesetzt. Zinsen werden hinzugerechnet, soweit sie noch nicht gutgeschrieben wurden.

- Wertpapiere wie beispielsweise Aktien, Fondsanteile usw. mit dem niedrigsten Börsenkurs am Stichtag angesetzt.
- Wertpapiere, die nicht börsennotiert sind und andere Firmenanteile wie beispielsweise GmbH-Anteile werden nach dem Stuttgarter-Verfahren bewertet.
- Anteile an Personengesellschaften werden nach § 97 BewG (Bewertungsgesetz) bewertet.
- Inländischer Grundbesitz wird nach den §§ 138 ff., §§ 145 bis 150 BewG (gerundet auf volle 500 Euro nach unten) bewertet.
- Grundbesitz im Ausland wird mit dem so genannten »gemeinen Wert« im Sinne von § 31 BewG bewertet.
- Land- und forstwirtschaftliches Vermögen wird nach den §§ 139 bis 144 BewG bewertet.
- Bei inländischem Betriebsvermögen werden Grundstücke wie oben dargestellt – der darüber hinaus gehende Vermögenswert wird nach den §§ 95 ff. BewG – bewertet.
- Nießbrauchsrechte werden mit dem kapitalisierten Wert der jährlichen Nutzung bewertet.
- Sonstige Vermögensgegenstände werden mit dem Verkehrswert zum Stichtag bewertet.

1.3   Dritter Schritt: Die Steuerfreibeträge ermitteln

Den Steuerklassen sind verschiedene Freibeträge zugeordnet, d.h., bei einem Vermögenserwerb bis zu diesen Beträgen werden keine Steuern fällig.

Freibeträge im Überblick

Steuerklasse I	Ehegatten bis 307.000 Euro
	Kinder bis 205.000 Euro
	alle anderen bis 51.200 Euro
Steuerklasse II	bis 10.300 Euro
Steuerklasse III	bis 5.200 Euro

Der Ehegatte kann, wenn für die Ehe der gesetzliche Güterstand der Zugewinngemeinschaft galt, auch noch einen anderen Steuerfreibetrag beanspruchen. Denn die so genannte Zugewinnausgleichsforderung ist nicht steuerpflichtig. Da die Ehe aus Anlass des Todes beendet wird, kann der Ehepartner von den anderen Erben seinen Zugewinnausgleichsanspruch verlangen. In diesem Fall verliert er jedoch seinen um ein Viertel erhöhten Erbteil.

Der Zugewinnausgleich ist nicht steuerpflichtig

Darüber hinaus wird für Versorgungsleistungen dem Ehegatten ein Versorgungsfreibetrag in Höhe von 256.000 Euro, den Kindern je nach Alter in Höhe von 20.500 Euro bis 52.000 Euro gewährt.

Dieser Versorgungsfreibetrag wird jedoch um erbschaftsteuerfreie Leistungen, z.B. Hinterbliebenenleistungen aus der gesetzlichen Rentenversicherung oder aus der betrieblichen Hinterbliebenenversorgung, geschmälert.

Abzug von Renten oder Versorgungsbeträgen

1.4 Vierter Schritt: Die Höhe der Erbschaftsteuer feststellen

Werden die Freibeträge überschritten, so wird Schenkungbzw. Erbschaftsteuer erhoben. Sie richtet sich nach der Höhe des Vermögens.

Vermögenswert in Euro	Steuerklasse I	Steuerklassse II	Steuerklasse III
bis 52.000	7 %	12 %	17 %
bis 256.000	11 %	17 %	23 %
bis 512.000	15 %	22 %	29 %
bis 5.113.000	19 %	27 %	35 %
bis 12.783.000	23 %	32 %	41 %
bis 25.565.000	27 %	37 %	47 %
über 25.565.000	30 %	40 %	50 %

Schenkungbzw. Erbschaftsteuer im Überblick

2. So können Sie die Erbschaftsteuer mindern!

Es gibt verschiedene Strategien, die Schenkung- und Erbschaftsteuerlast zu vermindern.

2.1 Steuerfreibeträge ausnutzen

Frühzeitige Schenkungen sparen Erbschaftsteuer

Wie bereits erwähnt (vgl. S. 165), ist es möglich, die Erbschaftsteuerlast zu mindern, in dem durch Schenkungen zu Lebzeiten der Schenkungsteuerfreibetrag einer Person mehrmals ausgenutzt wird. Der Grund dafür liegt darin, dass nur Schenkungen, die innerhalb von zehn Jahren vor dem Erbfall vollzogen wurden, bei der Ermittlung der Steuerlast berücksichtigt werden. Wenn ein Teil des Vermögens also zu Lebzeiten an die Erben verschenkt wird, dann bleiben diese Zuwendungen steuerfrei, wenn sie sich im Rahmen der Steuerfreibeträge bewegen. Nach zehn Jahren kann dies wiederholt werden. Wenn man sich vergegenwärtigt, dass für Kinder Steuerfreibeträge von 205.000 Euro bestehen, dann wird deutlich, dass frühzeitige Schenkungen Steuern sparen können, wenn wertvolle Nachlässe bestehen. Andererseits gibt es keinerlei Bedarf an Schenkungen zu Lebzeiten, wenn diese Freibeträge gar nicht erreicht oder nur geringfügig überschritten werden.

2.2 Schenkungen und Nachlass verteilen

Verteilung der Zuwendungen

Eine wichtige Strategie, die Steuerlast zu senken, besteht darin, die Zuwendungen zu verteilen. Denn für jede Person wird deren individuelle Steuerlast ermittelt. Da Kinder – wie oben dargestellt – einen Steuerfreibetrag von 205.000 Euro und Enkelkinder einen Steuerfreibetrag von immerhin 51.200 Euro haben, kann es sich lohnen, nicht alles Vermögen dem eigenen Kind, sondern einen Teil auch den Enkelkindern zukommen zu lassen.

Auch an dieser Stelle möchte ich jedoch noch einmal warnend darauf hinweisen, dass solche Zuwendungen wohl überlegt sein wollen. Wenn es bereits schwierig ist, die Entwicklung der eigenen Kinder zu beurteilen und zu prognostizieren, dann wird das für die nachfolgende Generation noch einmal schwieriger. Es ist dringend davor zu warnen, aus dem Bedürfnis heraus, Steuerzahlungen zu vermeiden, zu Lebzeiten Vermögen aus der Hand zu geben, wenn nicht gewährleistet ist, dass die Zuwendungen ihr Ziel und ihren Zweck erreichen.

2.3 Der Freibetrag des Ehepartners

Dem Ehepartner steht unter Umständen ein weiterer Steuerfreibetrag zu. Das ist immer dann der Fall, wenn für die Ehe der Güterstand der Zugewinngemeinschaft galt. Dann kann der überlebende Ehegatte den Betrag, der ihm als Zugewinnausgleichsanspruch zustehen würde, als weiterer persönlicher Freibetrag vom steuerlich maßgeblichen Nachlasswert in Abzug bringen.

Umgekehrt bietet dieser Zusammenhang natürlich auch Raum für Gestaltung. Wenn die Absicht besteht, beispielsweise die erbschaftsteuerrechtlichen Belastungen des überlebenden Ehegatten zu mindern, dann könnte ehevertraglich eine Erhöhung des Zugewinnausgleichsanspruchs für den Fall der Beendigung des Güterstands durch den Tod eines der Ehegatten vereinbart werden. Dies könnte etwa dadurch erfolgen, dass für den Fall der Beendigung der Ehe durch Tod der Zeitpunkt der Berechnung des Anfangsvermögens zeitlich deutlich vor die Eheschließung gelegt wird. Elegant und in den meisten Fällen vorzuziehen ist die ehevertragliche Vereinbarung eines Anfangsvermögens von Null Euro, wobei diese Bewertung explizit nur für den Fall der Beendigung der Ehe durch den Tod gelten sollte. In der Folge gilt ein längerer Zeitraum für den Erwerb des Zugewinns. Immer dann, wenn sich dadurch der Zugewinnausgleichsanspruch erhöhen würde, könnte diese vertragliche Regelung vorteilhaft sein, weil sich ja gleichzeitig auch der Erbschaftsteuerfreibetrag für den überlebenden Ehegatten in Höhe des Zugewinnausgleichsanspruchs erhöhen würde.

Freibetrag für den Ehepartner erhöhen und Berechnung des Anfangsvermögens vorverlegen

2.4 Lebensversicherung

Lebensver-sicherung erhöht Frei-beträge

Mit einer Kapital-Lebensversicherung kann der Ehepartner nicht nur abgesichert werden – es kann unter Umständen sogar eine erbschaftsteuerrechtliche günstigere Situation geschaffen werden. Dies gilt insbesondere dann, wenn die Steuerfreibeträge ausgeschöpft sind. Allerdings sollte bei Abschluss des Lebensversicherungsvertrags mit Bedacht vorgegangen werden. Wird der Vertrag auf die falsche Person abgeschlossen, dann müsste der Ehepartner im Versicherungsfalle Steuern bezahlen, da dann der Versicherungsvertrag gegebenenfalls in den Nachlass fallen würde.

> **Beispiel**
>
> War der Vertrag auf den Namen des Verstorbenen abgeschlossen, fällt der Vertrag in den Nachlass – war der Vertrag dagegen auf den Name des hinterbliebenen Ehegatten abgeschlossen, fällt er nicht in den Nachlass.

Lebensver-sicherung muss auf den Namen des Ehepartners abgeschlossen sein!

Vor diesem Hintergrund gilt, dass der Lebensversicherungsvertrag unbedingt auf den Namen des Ehepartners abgeschlossen werden muss. Dann gehört die Lebensversicherung zum Vermögen des Ehepartners und fällt nicht in den Nachlass. Wichtig: die Eigenschaft des Ehepartners sollte Inhalt der Bezugsberechtigung sein – sonst erhält dieser die Versicherungssumme auch nach einer eventuellen Scheidung.

2.5 Besonderheiten beim Bausparvertrag

Wegen der vielfältigen staatlichen Förderungen (insbesondere über steuerliche Abzugsmöglichkeiten und durch Prämiensparen) gehört der Bausparvertrag zu einer der häufigsten Spar- und Anlageformen in Deutschland. Dabei kann über die Sinnhaftigkeit von Bausparverträgen zur Baufinanzierung durchaus gestritten werden. Es gibt unabhängige Finanzfachleute, die sogar von einer Baufinanzierung über Bausparverträge bei bestimmten Voraussetzungen sogar dringend abraten.

Ein Bausparvertrag wird über eine bestimmte Bausparsumme abgeschlossen. Die Bausparsumme errechnet sich aus dem anzusammelnden Sparguthaben (meist 40 Prozent der Bausparsumme) und dem Bauspardarlehen (meist 60 Prozent der Bausparsumme). Nachdem der Betrag des Sparguthabens angespart und somit die Ansparphase beendet wurde, kann in der Zuteilungsphase die Zuteilung der Bausparsumme beantragt werden. Innerhalb von bestimmten Sperrfristen (sechs bis zehn Jahre) darf über die Bausparsumme nur zu Wohnungsbauzwecken verfügt werden.

Beim Bausparvertrag stellt sich eine ähnliche Frage, wie bei der Lebensversicherung: Wie kann vermieden werden, dass die Bausparsumme in den Nachlass fällt? Diese Frage lässt sich nicht allgemein beantworten. Es muss unterschieden werden, ob eine begünstigte Person vom Erblasser bestimmt worden ist oder nicht. Wenn nicht, fällt der Vertrag in jedem Fall in den Nachlass.

Gehört der Bausparvertrag zum Nachlass?

Wenn der Erblasser jemanden als Bezugsberechtigten eingesetzt hat, kommt es auf den Zeitpunkt des Erbfalls an. Auch nach Abschluss eines Bausparvertrags kann jemand noch als Bezugsberechtigter eingesetzt werden. Dazu reicht ein Brief – zu empfehlen als Einschreiben mit Rückschein – an die jeweilige Versicherung aus.

Bezugsberechtigten einsetzen

Befindet sich der Bausparvertrag noch in der Ansparphase, dann fällt der Vertrag der begünstigten Person zu und nicht in den Nachlass. Ist die Zuteilungsphase bereits erreicht, dann fällt der Vertrag und damit auch die Bausparsumme in den Nachlass und wird unter den Erben verteilt. Steuerrechtlich gilt im Wesentlichen das Gleiche wie für die Lebensversicherung. Der Bausparvertrag wird behandelt wie die Zuwendung eines Bargeldbetrages.

Zuteilungsphase: Ein Bausparvertrag

3. Schenkungen sollten wasserdicht sein

Wie bereits mehrfach erwähnt, können Schenkungen es mit sich bringen, dass der Schenkende seine Großzügigkeit nach einiger Zeit bereut. Die Möglichkeiten des Schenkers, seine Vermögenswerte zurückzubekommen, sind äußerst gering, wenn keine Vorsorge getrieben wurde.

Dabei kann es aus den verschiedensten Gründen dazu kommen, dass die Schenkungen, die im Zusammenhang mit der vorweggenommenen Erbfolge stattgefunden haben, bereut werden. Nur einige Beispiele:

- Der Beschenkte veräußert oder belastet das Grundstücks zu Lebzeiten des Schenkers gegen dessen Willen.
- Der Beschenkte gerät in Vermögensverfall und es droht die Verwertung des Geschenkes durch Zwangsvollstreckungsmaßnahmen.
- Der Beschenkte wird durch Krankheit oder Unfall geschäftsunfähig.
- Der Beschenkte stirbt vor dem Schenker.
- Beim Schenker tritt beispielsweise wegen Pflegebedürftigkeit ein Notbedarf ein.
- Der Beschenkte verhält sich gegenüber dem Schenker grob undankbar.
- Die Ehe des Beschenkten scheitert – im Ehescheidungsverfahren droht eine nachteilige Berücksichtigung bzw. eine Verwertung zu Lebzeiten des Veräußerers.

Vertragliche Regelung von Rückforderungen Schenkungen können in der Regel vom Schenker nur dann zurückgefordert werden, wenn insoweit im Schenkungsvertrag Vorsorge getroffen wurde, etwa, indem entsprechende Rückforderungsmöglichkeiten vertraglich geregelt wurden.

 Schenkungen können im umgekehrten Fall gegen den Willen des Schenkers von den Erben zurückgeholt werden, wenn sie rechtsfehlerhaft vorgenommen wurden. Zur Veranschaulichung der Problematik soll ein Beispiel dienen:

> **Beispiel**
>
> Gundula Gans, eine erfolgreiche Unternehmerin, hat
> bei ihrer Hausbank ein Sparbuch über 22.000 Euro auf
> den Namen ihrer minderjährigen Enkelin Belinda ein-
> gerichtet. Da dieses Sparbuch eine Überraschung sein
> sollte, hatte Gundula weder ihrer Enkelin Belinda noch
> deren Eltern etwas davon erzählt.
>
> Nach ihrem überraschenden Tod beim Après Ski findet
> die Alleinerbin, Belindas Mutter Sieglinde, das Spar-
> buch im Schreibtisch von Gundula. Sieglinde ist ganz
> und gar nicht begeistert von der Vorstellung, dass ihre
> Tochter 22.000 Euro bekommen soll. Sie geht zum An-
> walt und fragt, ob das Sparbuch ihrer Tochter gehören
> würde. Der Anwalt überlegt und vereinbart dann mit
> der ganzen Familie einen Besprechungstermin. Dabei
> fragt er Belinda vor unbeteiligten Zeugen, ob sie von
> dem Sparbuch etwas wusste. Belinda ist sehr über-
> rascht und erklärt arglos, von dem Sparbuch keine
> Ahnung zu haben. Daraufhin erklärt der Rechtsanwalt
> Sieglinde, dass sie es jetzt in der Hand habe, ob Belinda
> das Geschenk ihrer Großmutter erhält.

In diesem Beispielfall besteht das Geschenk aus einem
Bankguthaben, also in einer Forderung der Gundula Gans
gegen ihre Hausbank. Diese Forderung wurde verbrieft
durch das Sparbuch. Normalerweise verschenkt man ein
solches Guthaben, indem die Forderung gegen die Bank
abgetreten wird. Das Recht am Sparbuch geht dann von
sich aus auf den Beschenkten über. Hier konnte aber die
Forderung noch nicht zu Lebzeiten übertragen worden
sein, da Belinda bis zum Tod der Gundula noch nichts von
dem Guthaben wusste.

Die Einrichtung des Sparbuches durch Gundula auf den
Namen der Enkelin für sich hat rechtlich noch keine Bedeutung. Das heißt, der Name auf dem Sparbuch hat keinen Einfluss darauf, wem das Guthaben auf dem Sparbuch
gehört. Das Bürgerliche Gesetzbuch (BGB) bestimmt,
dass ein Sparbuch demjenigen gehört, der von der Bank

das Sparguthaben verlangen kann, der also Gläubiger der Forderung ist. Und Gläubigerin der Forderung gegen die Bank war erst einmal nur die Großmutter Gundula. Belinda hatte keine Ahnung von dem Guthaben, es fehlte noch an einem Schenkungsvertrag zwischen Gundula und Belinda und an einer Übertragung der Forderung auf Belinda.

!

Der Beschenkte muss Kenntnis von der Schenkung haben

Es wäre sogar ausreichend gewesen, wenn Gundula die Forderung zur Bewirkung der Schenkung auf Belinda übertragen hätte. Dazu hätte es ausgereicht, wenn die kleine Belinda das Sparbuch von der Großmutter Gundula in die Hand gedrückt bekommen und Belinda die Schenkung mit einem Kopfnicken angenommen hätte

Gundula hätte das Sparbuch danach sogar wieder in ihren Schreibtisch zurücklegen können, um sicher zu sein, dass ohne ihre Kenntnis keine Abhebungen vorgenommen würden. Die Forderung und damit das Sparbuch hätten bereits der kleinen Belinda gehört.

Ohne diesen Akt der Übereignung war Belinda aber noch nicht Inhaberin der Forderung und hatte deshalb auch noch kein Eigentum an dem Sparbuch. Es gab zwar ein Schenkungsangebot durch die Großmutter, das darin zu sehen ist, dass sie das Sparbuch auf den Namen von B einrichtete. Dieses Angebot war allerdings noch nicht wirksam, da es Belinda noch nicht bekannt geworden war. Das Angebot der Gundula war der Belinda noch nicht zugegangen. Der Zugang einer Willenserklärung ist Voraussetzung für deren Wirksamkeit.

Der Zugang einer Willenserklärung ist Voraussetzung für deren Wirksamkeit

Dass der Erklärende stirbt, ist für die Wirksamkeit der Erklärung nicht von Belang. Das Angebot hätte Gundula auch nach dem Tod der Belinda noch zugehen können. Das wäre etwa der Fall gewesen, wenn Belinda unmittelbar nach dem Tod der Gundula das Sparbuch beim Spielen auf dem Schreibtisch gefunden und entdeckt hätte, dass ihr Name eingetragen worden wäre. Dann hätte Belinda das Angebot annehmen können und sie wäre Inhaberin der Forderung und Eigentümerin des Sparbuchs geworden. Aber das ist hier nicht geschehen.

In diesem Fall war die Annahme des Schenkungsangebots für Belinda leider auch nicht mehr nachträglich möglich. Denn Belinda erfuhr zu spät von diesem Angebot, als dass sie es noch hätte annehmen können. Grundsätzlich kann eine Willenserklärung noch widerrufen werden, solange sie noch unterwegs ist zum Empfänger und noch nicht zugegangen ist. Und genau ein solcher Widerruf geschah hier. Als Belinda von dem Angebot erfuhr, hatte die Erbin Sieglinde von ihrem Recht als Erbin Gebrauch gemacht und das Angebot der Verstorbenen Gundula wieder zurückgenommen, was sie als Erbin ohne weiteres konnte und durfte.

Widerruf der Willenserklärung durch die Erbin

Zwar ist jeder an ein einmal gemachtes Angebot zum Abschluss eines Vertrages gebunden. Das gilt selbstverständlich auch für Rechtsnachfolger, also hier für die Gundula. Aber diese Bindung gilt nur für Erklärungen, die auch dem Empfänger zugegangen sind. Zugang setzt jedoch Kenntnis des Empfängers von der Erklärung voraus. Hier war das Angebot aber noch nicht zugegangen und deswegen war der Sieglinde die Rücknahme des Angebots noch möglich.

Ergebnis: Das Sparbuch war zwar für die kleine Belinda gedacht, aber sie bekommt es nach dem Tod von Gundula leider nicht, wenn die Erbin Sieglinde das nicht möchte.

Um dieses ungewollte Ergebnis zu vermeiden, hätte Gundula die Möglichkeit gehabt, ein Testament zu machen und ihrer Enkelin Belinda das Sparguthaben und das Sparbuch in Form eines Vermächtnisses zukommen zu lassen.

Tipp

Hier wäre ein Vermächtnis der richtige Weg gewesen

Um solch ungewollte Ergebnisse zu vermeiden und sicherzustellen, dass Geschenke nicht auf dem Weg zum Empfänger vom Erben »zurückgenommen« werden, ist es hilfreich, ein Testament zu machen, in dem bestimmt wird, wer ein Sparbuch und ein Guthaben bekommen soll.

Um bei unserem Beispielsfall zu bleiben, hätte Gundula auch noch eine andere Möglichkeit gehabt. Sie hätte alter-

Benachrich-tigung der Bank als wirksame Alternative nativ auch noch direkt mit der Sparkasse Kontakt aufnehmen und klarstellen können, dass die allein verfügungsberechtigte Kontoinhaberin in Zukunft die Enkelin Belinda sein soll. Eine solche Verabredung wäre juristisch ein Vertrag zu Gunsten Dritter. Diese Vereinbarung zwischen Gundula und der Bank wäre wirksam gewesen – auch ohne Kenntnis der sorgeberechtigten Eltern.

Kapitel 20
Kann der Erbe sein Erbrecht verkaufen?

Grundsätzlich ist zu Lebzeiten des Erblassers ein Verkauf des Erbrechts rechtlich ausgeschlossen und nicht möglich. Ein solcher Vertrag wäre ganz einfach unwirksam. Dies ist schon deswegen sinnvoll, weil es dieses Recht ja noch gar nicht gibt und es auch ungewiss ist, ob es dieses Recht jemals geben wird. Denn ein Erbe kann ja sein Erbrecht vor dem Erbfall immer noch verlieren, wenn er durch Testament oder Erbvertrag enterbt wird. Auch der Verkauf des Pflichtteilsrechts zu Lebzeiten ist nicht wirksam. Denn ein Pflichtteilsrecht kann in einzelnen Fällen – wenn dies auch schwierig ist – entzogen werden.

Kein Verkauf zu Lebzeiten des Erblassers

Nach dem Erbfall kann aber ein Erbe grundsätzlich über seinen Nachlass verfügen. Im Folgenden wird unterschieden, ob der Alleinerbe seine Erbschaft verkauft oder ob ein Miterbe seinen Erbteil verkauft. Dies muss unterschieden werden, weil der Alleinerbe mehr Rechte hat als ein Miterbe.

1. Der Erbschaftsverkauf des Alleinerben

Nach dem Tod des Erblassers kann der Alleinerbe sein ganze Erbrecht verkaufen. Dies ist ein sehr weitgehender Schritt, weil der Erbe mit diesem Vertrag auf alle Rechte aus der Erbschaft verzichtet. Damit der Erbe noch eine Gelegenheit zur Überlegung hat und er auch noch die rechtliche Bedeutung durch den Notar nutzen kann, ist für diesen Erbschaftsverkauf die Form des notariell beurkundeten Vertrags vorgeschrieben (§ 2371 BGB).

Verkauf des Erbrechts durch Notarvertrag

Einzelne Gegenstände können ohne notarielle Beurkundung verkauft werden. Ausgenommen sind davon allerdings Grundstücke, die ja ohne einen notariell beurkundeten Vertrag nicht übertragen werden können.

2. Der Erbteilsverkauf des Miterben

! Wenn Sie nicht allein, sondern noch andere Personen erben, dann dürfen Sie auf keinen Fall vor der Auseinandersetzung einzelne Gegenstände aus dem Nachlass verkaufen. Sie machen sich andernfalls unter Umständen sogar strafbar.

Sie können als Miterbe allerdings Ihren Erbteil verkaufen. Den Erbteilskaufvertrag müssen Sie notariell beurkunden lassen (§ 2033 Abs. 1 Satz 2 BGB). Sonst ist der Vertrag nicht wirksam. Die anderen Mitglieder der Miterbengemeinschaft haben jedoch dabei ein Vorkaufsrecht (§ 2034 Abs. 1 BGB). Das bedeutet, dass diese Miterben die Möglichkeit haben, bei einem Verkauf des Erbteils dieses Vorkaufsrecht geltend zu machen, zumal sie vorher auch gefragt werden müssen. Dann können die Miterben diesen Erbteil zu dem gleichen Preis kaufen und der Dritte geht leer aus. Der Sinn dieser Regelung ist, dass Miterben verhindern können, dass Teile des Nachlasses in fremde Hände gelangen, wenn die Miterben finanziell in der Lage sind, das Vorkaufsrecht auch auszuüben. Allerdings kann ein solches Eindringen von Außenstehenden dann nicht ausgeschlossen werden, wenn der Erbteil z.B. verschenkt oder verpfändet wird. Wenn ein Erblasser ein großes Interesse daran hat, dass »alles in der Familie bleibt«, könnte sich eine testamentarische Auflage anbieten, in der das Erbrecht für die Erben davon abhängig gemacht wird, dass es nicht weitergegeben wird. Dann ist zumindest der Fall des Verschenkens ausgeschlossen. Das gleiche Ziel verfolgt die berühmte Wiederverheiratungsklausel, die in so manches gemeinschaftliche Ehegattentestament aufgenommen wird, um das Geld in der Familie zu halten, wenn nach dem Tod eines Ehepartners der Überlebende irgendwann wieder heiratet. Die Wiederverheiratungsklausel bestimmt für solche Fälle, dass der Erbteil des Ehepartners dann an die Kinder fällt.

Vorkaufsrecht der Miterben bei Verkauf des Erbteils

Testamentarische Auflage bei Schenkungen

Wiederverheiratungsklausel

Anhang

1. Kostenordnung

Ge-schäfts-wert bis ... Euro	Gebühr ... Euro	Ge-schäfts-wert bis ... Euro	Gebühr ... Euro	Ge-schäfts-wert bis ... Euro	Gebühr ... Euro
1.000	10	60.000	147	260.000	447
2.000	18	70.000	162	270.000	462
3.000	26	80.000	177	280.000	477
4.000	34	90.000	192	290.000	492
5.000	42	100.000	207	300.000	507
8.000	48	110.000	222	310.000	522
11.000	54	120.000	237	320.000	537
14.000	60	130.000	252	330.000	552
17.000	66	140.000	267	340.000	567
20.000	72	150.000	282	350.000	582
23.000	78	160.000	297	360.000	597
26.000	84	170.000	312	370.000	612
29.000	90	180.000	327	380.000	627
32.000	96	190.000	342	390.000	642
35.000	102	200.000	357	400.000	657
38.000	108	210.000	372	410.000	672
41.000	114	220.000	387	420.000	687
44.000	120	230.000	402	430.000	702
47.000	126	240.000	417	440.000	717
50.000	132	250.000	432	450.000	732

2. Nützliche Adressen

2.1 Notarkammern in Deutschland

Notarkammer Baden-Württemberg
Königstraße 21, 70173 Stuttgart
Telefon 07 11/29 19 34, Telefax 07 11/2 26 58 02

Landesnotarkammer Bayern
Ottostraße 10, 80333 München
Telefon 0 89/55 16 60, Telefax 0 89/55 16 62 34

Notarkammer Berlin
Littenstraße 10, 10719 Berlin
Telefon 0 30/24 62 90-0

Notarkammer Brandenburg
Dortustraße 71, 14467 Potsdam
Telefon 03 31/2 80 37 02, Telefax 03 31/2 80 37 05

Notarkammer Braunschweig
Am Bruchtorwall 12, 38100 Braunschweig
Telefon 05 31/1 23 34 80, Telefax 05 31/1 23 34 85

Bremer Notarkammer
Knochenhauerstraße 36/37, 28195 Bremen
Telefon 04 21/16 89 7-0, Telefax 04 21/16 89 7-20

Notarkammer Celle
Riemannstraße 15, 29225 Celle
Telefon 0 51 41/94 94-0, Telefax 0 51 41/94 94 94

Notarkammer Frankfurt am Main
Bockenheimer Anlage 36, 60322 Frankfurt
Telefon 0 69/17 00 98 02, Telefax 0 69/17 00 98 25

Hamburgische Notarkammer
Große Theaterstraße 7, 20345 Hamburg
Telefon 0 40/3 55 21 44, Telefax 0 40/35 52 14 50

Westfälische Notarkammer
Ostenallee 18, 59063 Hamm
Telefon 0 23 81/9 69 59-0, Telefax 0 23 81/98 50 51

Notarkammer Kassel
Karthäuserstraße 5a, 34117 Kassel
Telefon 05 61/1 20 21, Telefax 05 61/1 20 27

Notarkammer Koblenz
Hohenzollernstraße 18, 56068 Koblenz
Telefon 02 61/91 58 80, Telefax 02 61/9 15 88 20

Notarkammer Mecklenburg-Vorpommern
Weinbergstraße 17, 19061 Schwerin
Telefon 03 85/5 81 25 75, Telefax 03 85/5 81 25 74

Notarkammer Oldenburg
Staugraben 5, 26122 Oldenburg
Telefon 04 41/92 54 30, Telefax 04 41/9 25 43 29

Notarkammer Pfalz
Bahnhofstraße 36, 67227 Frankenthal/Pfalz
Telefon 0 62 33/32 61 12, Telefax 0 62 33/32 61 13

Rheinische Notarkammer
Burgmauer 53, 50667 Köln
Telefon 02 21/2 57 52 91, Telefax 02 21/2 57 53 10

Saarländische Notarkammer
Am Rondell 3, 66424 Homburg
Telefon 0 68 41/9 31 20, Telefax 0 68 41/93 12 31

Notarkammer Sachsen
Königstraße 23, 01097 Dresden
Telefon 03 51/80 72 70, Telefax 03 51/8 07 27 50

Notarkammer Sachsen-Anhalt
Winckelmannstraße 24, 39108 Magdeburg
Telefon 03 91/5 68 97-0, Telefax 03 91/5 68 97-20

Schleswig-Holsteinische Notarkammer
Gottorfstraße 13, 24837 Schleswig
Telefon 0 46 21/9 39 10, Telefax 0 46 21/93 91 26

Notarkammer Thüringen
Schlösserstraße 8, 99084 Erfurt
Telefon 03 61/55 50 40, Telefax 03 61/5 55 04 44

2.2 Rechtsanwaltskammern

Rechtsanwaltskammer Bamberg
Friedrichstraße 7, 96047 Bamberg
Telefon 09 51/9 86 20-0, Telefax 09 51/20 35 03
E-Mail: info@rakba.de

Rechtsanwaltskammer Berlin
Littenstraße 9, 10179 Berlin
Telefon 0 30/30 69 31-0, Telefax 0 30/30 69 31-99
E-Mail: info@rak-berlin.de

Brandenburgische Rechtsanwaltskammer
Grillendamm 2, 14776 Brandenburg an der Havel
Telefon 0 33 81/2533-0, Telefax 0 33 81/2533-23
E-Mail: info@rak-brb.de

**Rechtsanwaltskammer
für den Oberlandesgerichtsbezirk Braunschweig**
Bruchtorwall 12, 38100 Braunschweig
Telefon 05 31/123 35 0, Telefax 05 31/123 35 66
E-Mail: info@rak-braunschweig.de

Hanseatische Rechtsanwaltskammer Bremen
Knochenhauerstraße 36/37, 28195 Bremen
Telefon 04 21/168 97-0, Telefax 04 21/168 97-20
E-Mail: kontakt@rak-bremen.de

**Rechtsanwaltskammer für den
Oberlandesgerichtsbezirk Celle**
Bahnhofstraße 5, 29221 Celle
Telefon 0 51 41/92 82-0, Telefax 0 51 41/92 82-42
E-Mail: info@rakcelle.de

Rechtsanwaltskammer Düsseldorf
Freiligrathstraße 25, 40479 Düsseldorf
Telefon 02 11/4 95 02-0, Telefax 02 11/4 95 02-28
E-Mail: info@rechtsanwaltskammer-duesseldorf.de

Rechtsanwaltskammer Frankfurt
Bockenheimer Anlage 36, 60322 Frankfurt
Telefon 0 69/17 00 98 01, Telefax 0 69/17 00 98 50 (oder -51)
E-Mail: info@rechtsanwaltskammer-ffm.de

Rechtsanwaltskammer Freiburg
Gartenstraße 21, 79098 Freiburg im Breisgau
Telefon 07 61/3 25 63, Telefax 07 61/28 62 61
E-Mail: info@rak-freiburg.de

Hanseatische Rechtsanwaltskammer Hamburg
Bleichenbrücke 9, 20354 Hamburg
Telefon 0 40/35 74 41-0, Telefax 0 40/35 74 41-41
E-Mail: info@rechtsanwaltskammerhamburg.de

Rechtsanwaltskammer für den Oberlandesgerichtsbezirk Hamm
Ostenallee 18, 59063 Hamm
Telefon 0 23 81/98 50-00, Telefax 0 23 81/98 50-50
E-Mail: info@rak-hamm.de

Rechtsanwaltskammer Karlsruhe
Reinhold-Frank-Straße 72, 76133 Karlsruhe
Telefon 07 21/2 53 40, Telefax 07 21/2 66 27
E-Mail: info@rak-karlsruhe.de

Rechtsanwaltskammer Kassel
Karthäuser Straße 5a, 34117 Kassel
Telefon 05 61/1 20-21, Telefax 05 61/1 20-27
E-Mail: rak@rechtsanwaltskammer-kassel.de

Rechtsanwaltskammer Koblenz
Rheinstraße 24, 56068 Koblenz
Telefon 02 61/30335-0, Telefax 02 61/30335-22 (oder -66)
E-Mail: info@rakko.de

Rechtsanwaltskammer Köln
Riehler Straße 30, 50668 Köln
Telefon 02 21/97 30 10-0, Telefax 02 21/97 30 10-50
(oder -55)
E-Mail: kontakt@rak-koeln.de

Rechtsanwaltskammer Mecklenburg-Vorpommern
Bornhövedstraße 12, 19055 Schwerin
Telefon 03 85/5 57 43-85, Telefax 03 85/5 57 43-88
E-Mail: kontakt@rak-mv.de

**Rechtsanwaltskammer für den
Oberlandesgerichtsbezirk München**
Tal 33, 80331 München
Telefon 0 89/53 29 44-0, Telefax 0 89/53 29 44-28
E-Mail: info@rak-muenchen.de

Rechtsanwaltskammer Nürnberg
Fürther Straße 115, 90429 Nürnberg
Telefon 09 11/9 26 33-0, Telefax 09 11/9 26 33-33
E-Mail: info@rak-nbg.de

**Rechtsanwaltskammer für
den Oberlandesgerichtsbezirk Oldenburg**
Staugraben 5, 26122 Oldenburg
Telefon 04 41/92 54 3-0, Telefax 04 41/92 54 3-29
E-Mail: info@rak-oldenburg.de

Rechtsanwaltskammer des Saarlandes
Am Schlossberg 5, 66119 Saarbrücken
Telefon 06 81/58 82 80, Telefax 06 81/58 10 47
E-Mail: zentrale@rak-saar.de

Rechtsanwaltskammer Sachsen
Glacisstraße 6, 01099 Dresden
Telefon 03 51/31 85 90, Telefax 03 51/3 36 08 99
E-Mail: info@rak-sachsen.de

Rechtsanwaltskammer des Landes Sachsen-Anhalt
Gerhart-Hauptmann-Straße 5, 39108 Magdeburg
Telefon 03 91/2 52 72-10 u. -11, Telefax 03 91/2 52 72-03
E-Mail: info@rak-sachsen-anhalt.de

Schleswig-Holsteinische Rechtsanwaltskammer
Gottorfstraße 13, 24837 Schleswig
Telefon 0 46 21/93 91-0, Telefax 0 46 21/93 91-26
E-Mail: info@rak-sh.de

Rechtsanwaltskammer Stuttgart
Werastraße 23, 70182 Stuttgart
Telefon 07 11/24 64 66, Telefax 07 11/24 63 96
E-Mail: info@rak-stuttgart.de

Rechtsanwaltskammer Thüringen
Bahnhofstraße 27, 99084 Erfurt
Telefon 03 61/654 88-0, Telefax 03 61/654 88-20
E-Mail: info@rak-thueringen.de

Rechtsanwaltskammer Tübingen
Christophstraße 30, 72072 Tübingen
Telefon 0 70 71/79 36 910, Telefax 0 70 71/79 36 911
E-Mail: info@rak-tuebingen.de

Pfälzische Rechtsanwaltskammer Zweibrücken
Landauer Straße 17, 66482 Zweibrücken
Telefon 0 63 32/80030, Telefax 0 63 32/800319
E-Mail: zentrale@rak-zw.de

2.3 Bundessteuerberaterkammer

Es gibt eine große Anzahl von Steuerberatern in jeder Stadt. Wenn Sie noch nicht mit einem Steuerberater zusammenarbeiten und einen suchen, dann empfehle ich Ihnen das Branchenverzeichnis.

Bei Fragen von übergeordnetem Interesse wenden Sie sich bitte an folgende Adresse:

Bundessteuerberaterkammer
Körperschaft des öffentlichen Rechts
Dechenstraße 14
53115 Bonn
Telefon 02 28/72 63 90

2.4 Verbraucherzentralen

Verbraucherzentrale Baden-Württemberg e. V.
Paulinenstraße 47, 70178 Stuttgart
Telefon 07 11/66 91-10, Telefax 07 11/66 91-50
www.verbraucherzentrale-bawue.de

Verbraucherzentrale Bayern e. V.
Mozartstraße 9, 80336 München
Telefon 0 89/5 39 87-0, Telefax 0 89/53 75 53
www.verbraucherzentrale-bayern.de

Verbraucherzentrale Berlin e. V.
Bayreuther Straße 40, 10787 Berlin
Telefon 0 30/2 14 85-0, Telefax 0 30/2 11 72 01
www.verbraucherzentrale-berlin.de

Verbraucherzentrale Brandenburg e. V.
Templiner Straße 21, 14473 Potsdam
Telefon 03 31/2 98 71-0, Telefax 03 31/2 98 71-77
www.vzb.de

Verbraucherzentrale des Landes Bremen e. V.
Altenweg 4, 28195 Bremen
Telefon 04 21/1 60 77-7, Telefax 04 21/1 60 77-80
www.verbraucherzentrale-bremen.de

Verbraucherzentrale Hamburg e. V.
Kirchenallee 22, 20099 Hamburg
Telefon 0 40/2 48 32-0, Telefax 0 40/2 48 32-2 90
www.vzhh.de

Verbraucherzentrale Hessen e. V.
Große Friedberger Straße 13–17, 60313 Frankfurt am
Main
Telefon 0 69/97 20 10-0, Telefax 0 69/97 20 10-50
www.verbraucher-zentrale-hessen.de

Neue Verbraucherzentrale in Mecklenburg-Vorpommern e. V.
Strandstraße 98, 18055 Rostock
Telefon 03 81/2 08 70 50, Telefax 03 81/2 08 70 30
www.nvzmv.de

Verbraucherzentrale Niedersachsen e. V.
Herrenstraße 14, 30159 Hannover
Telefon 05 11/9 11 96-0, Telefax 05 11/9 11 96-10
www.vzniedersachsen.de

Verbraucherzentrale Nordrhein-Westfalen e. V.
Mintropstraße 27, 40215 Düsseldorf
Telefon 02 11/38 09-0, Telefax 02 11/38 09-1 72
www.vz-nrw.de

Verbraucherzentrale Rheinland-Pfalz e. V.
Ludwigstraße 6, 55116 Mainz
Telefon 0 61 31/28 48-0, Telefax 0 61 31/28 48-66
www.verbraucherzentrale-rlp.de

Verbraucherzentrale des Saarlandes e. V.
Trierer Straße 22, 66111 Saarbrücken
Telefon 06 81/5 00 89-0, Telefax 06 81/5 88 09 22
www.vz-saar.de

Verbraucherzentrale Sachsen e. V.
Brühl 34–38, 04109 Leipzig
Telefon 03 41/6 88 80 80, Telefax 03 41/6 89 28 26
www.verbraucherzentrale-sachsen.de

Verbraucherzentrale Sachsen-Anhalt e. V.
Steinbockgasse 1, 06108 Halle
Telefon 03 45/2 98 03-29, Telefax 03 45/2 98 03-26
www.vzsa.de

Verbraucherzentrale Schleswig-Holstein e. V.
Bergstraße 24, 24103 Kiel
Telefon 04 31/5 90 99-0, Telefax 04 31/5 90 99-77
www.verbraucherzentrale-sh.de

Verbraucherzentrale Thüringen e. V.
Eugen-Richter-Straße 45, 99085 Erfurt
Telefon 03 61/5 55 14-0, Telefax 03 61/5 55 14-40
www.vzth.de

Verbraucherzentrale Bundesverband
Markgrafenstraße 66, 10969 Berlin
Telefon 0 30/2 58 00-0, Telefax 0 30/2 58 00-2 18
www.vzbv.de

2.5 Weitere nützliche Adressen

Verwaiste Eltern in Deutschland e. V.
– Bundesstelle –
Dieskaustraße 43
04229 Leipzig
Telefon 03 41/9 46 88 84
www.veid.de

DOMINO – Zentrum für trauernde Kinder e. V.
Auf dem Broich 24
51519 Odenthal
Telefon 0 21 74/43 99
E-Mail: mail@zentrakin.de
www.zentrakin.de

Ev. Telefonseelsorge: 08 00/1 11 01 11

Ev. Konferenz für Familien- und Lebensberatung e. V.
Schönhauser Allee 141
10437 Berlin
Telefon 0 30/44 37 51 17

Kath. Telefonseelsorge: 08 00/1 11 02 22

Kath. Bundesarbeitsgemeinschaft für Beratung e. V.
Ehe-, Familien-, Lebensberatung
Kaiserstraße 163
53111 Bonn
Telefon 02 28/10 31

OMEGA e. V.
DPWV – Der Paritätische Wohlfahrtsverband
Altenhöfener Straße 83
44623 Herne
Telefon 023 23/14 77 83-12
E-Mail: info@omega-ev.de
www.omega-ev.de

BAG Hospiz
Bundesarbeitsgemeinschaft Hospiz
Aachener Straße 5
10713 Berlin
Telefon 0 30/83 22 38 93
E-Mail: bag.hospiz@hospiz.net
www.hospiz.net

3. Wichtige Links im Internet

Bürgerliches Gesetzbuch (Gesetzestext zum Erbrecht)
http://bundesrecht.juris.de/bgb/index.html

Grundgesetz (Gesetzestext zum Erbrecht)
http://bundesrecht.juris.de/gg/index.html

Erbschaftsteuer- und Schenkungsteuergesetz (Gesetzestext zum Erbrecht)
http://bundesrecht.juris.de/erbstg_1974/index.html

Informationen zum Erbrecht im Internet
http://www.deutsches-forum-fuer-erbrecht.de
http://www.erbrechtsgesellschaft.de/
http://www.erbrecht-ratgeber.de/
http://de.wikipedia.org/wiki/Erbrecht

Diskussionsforum zum Erbrecht
http://www.recht.de/phpbb/viewforum.php?f=14

Selbsthilfegruppen in Österreich:
Für Eltern, deren Kind gestorben ist:
www.gutehoffnung-jaehesende.com
www.ratundhilfe.net

Palliativ-Medizin:
www.hospiz.at
(auch Patientenverfügung online)

Stichwortverzeichnis

Herausgeber

Verbraucherzentrale Nordrhein-Westfalen e. V.
Mintropstraße 27, 40215 Düsseldorf
Telefon 01 80/5 00 14 33 (0,14 €/Min. aus dem
Festnetz)
Telefax 02 11/38 09-2 35
Internet: www.vz-nrw.de
E-Mail: publikationen@vz-nrw.de

Verbraucherzentrale Niedersachsen e. V.
Herrenstraße 14, 30159 Hannover
Telefon 05 11/9 11 96-0, Telefax 05 11/9 11 96-10
www.vzniedersachsen.de

Herausgeber:	Karl-Dieter Möller, Thomas Nell
Koordination:	Wolfgang Starke
Fachliche Mitwirkung:	Notarvertreter Mathias Zehring
Lektorat:	Rechtsanwältin Sylvia Isensee, Köln
Produktion:	bretzinger : medien.service, Karlsruhe
Umschlaggestaltung:	Design Ute Lübbeke, Köln
Umschlagfoto:	VISUM Foto GmbH
Druck/Bindung:	Koelblin-Fortuna-Druck GmbH & Co. KG, Baden-Baden

Nachlassplanung

1. Auflage 2006, 204 Seiten
brosch., € 9,80 (D)
ISBN 978-3-938174-30-2

Testament, Erbvertrag und Schenkung sind die wichtigsten Instrumente, um das zukünftige Schicksal des eigenen Vermögens zu bestimmen. Anhand zahlreicher Fälle und Beispiele aus der Praxis informiert dieser Ratgeber Erblasser, wie ein Testament erstellt oder ein Erbvertrag aufgesetzt wird und welche Möglichkeiten eine Schenkung bietet.

Erhältlich im Buchhandel und bei den Verbraucherzentralen

verbraucherzentrale

Finanzratgeber für die junge Familie

1. Auflage 2006, 216 Seiten
brosch., € 9,80 (D)
ISBN 978-3-938174-37-1

Wer Kinder hat oder bekommt und ihnen die besten Startbedingungen bieten will, steht immer auch vor finanziellen Herausforderungen. Daher tun Eltern gut daran, sich frühzeitig mit ihrem Familienbudget sowie den richtigen Finanz- und Vorsorgestrategien für ihren Nachwuchs zu beschäftigen. Der Ratgeber begleitet junge Eltern praxisnah bei diesen wichtigen Schritten.

Erhältlich im Buchhandel und bei den Verbraucherzentralen

verbraucherzentrale